KB105664

가까이하면 상처받고
멀어지면 외로운
고슴도치들에게

가까이하면 상처받고
멀어지면 외로운 고슴도치들에게

초판 1쇄 발행 2021년 11월 30일

지 은 이   오수향
퍼 낸 이   김동하

편   집   이은솔
퍼 낸 곳   책들의정원
출판신고   2015년 1월 14일 제2016-000120호
주   소   (03955) 서울시 마포구 방울내로7길 8 반석빌딩 5층
문   의   (070) 7853-8600
팩   스   (02) 6020-8601
이 메 일   books-garden1@naver.com
인스타그램   www.instagram.com/text_addicted

ISBN 979-11-6416-099-0 (03320)

가까이하면 상처받고
멀어지면 외로운
고슴도치들에게

오수향 지음

프롤로그

'말'로 힘들어하는
모든 사람들에게

"코로나19로 집에만 있다보니 사람을 만나면 무슨 말을 해야 될지 모르겠어요."

"넘어지고 실패하는 것이 반복되다 보니 도전이 두려워졌어요."

"타인에게 가시를 세우면서 상처주는 말과 행동을 해요."

"상처받기는 싫은데, 혼자 있으면 외로워요. 어떻게 해야 하죠?"

　많은 사람들이 다양한 관계를 맺고 살아가면서 겪는 문제다. 이런 인간관계에 지친 사람들이 자발적으로 혼자가 되기도 한다. '관태기(관계권태기의 약자)'란 말이 있다. 타인에게 시간과 취향을 맞추느니 혼자가 편하다는 것이다.

　그런데 혼자이고 싶은데, 혼자이기 싫어하는 사람들도 있다. 이 말은 혼자이고 싶은데 외롭고 싶진 않다는 뜻이다. 무슨 말인지 잘 모를 수도 있다. 식당과 카페를 가면 이 말의 뜻을 이해하기 쉽다.

　식당에서 혼자 밥을 먹으며 자신의 혼밥 사진을 SNS에 올리거나, 카페에 태블릿이나 노트북을 들고 가서 음료를 마시면서 인터넷상으로 다른 사람들과 소통하는 모습을 흔히 볼 수 있다. 혼자 집에서 술을 마시면서 안줏거리를 사진 찍어 올리고, '좋아요'와 댓글을 기다리기도 한다. 혼자 있고 싶지만 혼자이고 싶지는 않은 마음을 가장 잘 보여주는 모습이 아닌가 싶다.

　요즈음은 대면뿐만 아니라 온라인, SNS, 채팅 등에서 다양한 관계를 맺고 살아간다. 디지털 시대에 '접속'만으로도 학교 생활도 할 수 있고, 집에서 일할 수 있으며, 굳이 직접 만나지 않더라도 스마트폰 하나만으로도 소통이 가능하다. 즉 다른 사람들과의 '만남'이 어려운 시대다.

과거에는 편지를 쓰고 봉투에 우표를 붙이고 우체국에 직접 가서 편지를 부친 뒤 우편함에 도착하기까지 몇날 며칠이 걸렸다. 그러나 지금은 손가락만 몇 번 움직이면 지구 반대편으로 몇 초 안에 이메일을 전송할 수 있다. 물론 답장도 몇 분 안에 받을 수 있다.

지금은 라디오를 듣다가 좋아하는 노래가 나오면 테이프를 이용해 녹음했던 그 시절을 '낭만'이 있었다고 추억한다. 사진 필름 한 통을 다 쓰면 사진관에 가서 인화를 하고, 앨범에 하나하나 붙이던 때를 떠올리기도 한다. 무엇이든지 자기 손으로 직접 만지고 만들면 더욱 의미가 깊다. 지금도 연인이 기념일에 그동안 찍었던 사진을 모아둔 사진첩을 선물하거나, 결혼하면 가장 추억에 남은 사진들을 뽑아 벽면에 장식하기도 한다.

그러나 편리해진 만큼 따뜻한 감성은 점점 없어지고 있다. 이메일이나 문자로 빠르게 소통하다 보니 편지를 붙이고 쓰던 그 시절보다 대화하는 방식이 숨가쁘게 변하고 있다. 빨리 말하고, 급하게 답변하다 보니 말실수하는 일도 늘어난다. 거기다 메신저로 대화하다보니 지금 이 사람이 어떤 표정과 무슨 말투로 말하는지 알 수 없어 오해가 생기기도 쉽다. 그러다 보니 우리의 일상에 피로도는 높아지고, 불안감과 외로움은 더 커지게 되었다.

우리 삶에서도 직접적으로 사람을 만나는 데서 오는 미묘한 감정, 소통, 관계 등이 사라지면서 오는 외로움이 있다. 다소 불편했던 아날로그적인 옛날에는 손글씨나, 필름 카메라로 현상한 사진 등으로 다양한 감정들을 느낄 수 있었다. 거기에 더해 지금과는 다른 감성을 느낄 수 있었다. 하지만 차가운 전자기기로 다른 사람과 소통하는 지금, 그때의 감성을 찾기란 어렵다.

심리학에는 '고슴도치의 딜레마'라는 용어가 있다. 추운 겨울날, 고슴도치들은 옹기종기 모여 체온을 나누려고 했다. 하지만 가까워질수록 가시가 서로를 찌르자 다시 멀어진다. 멀어지면 춥고, 가까워지면 서로 상처를 입히게 되자 고슴도치들은 적당한 거리를 찾게 되었다. 서로의 가시가 없는 머리를 맞대어 온기를 나누는 것이다.

이는 대화를 나눌 때도 마찬가지다. 가깝다고 생각해서 편하게 말하게 되면 상대방에게 상처를 줄 수 있다. 반대로 상대방이 나에게 가깝다는 이유로 말을 편하게 하면 상처받을 수도 있다. 그렇다고 멀어져서 혼자가 되면, 언젠가 외로워진다.

지혜롭게 관계를 맺기 위해서는 거리를 잘 두어야 한다. 다른 사람에게 상처 받을까봐 너무 겁내지 않아도 된다. 내가 상처를 줄 때도, 상대방이 나에게 상처를 줄 때도 있을 것이다. 하지만 고슴도치처럼 머리를 맞대고 추위를 견뎌야 하는 날도 있다.

코로나19로 사회적 거리두기가 길어지면서 혼자 지내는 시간이 많아졌다. 일할 때도 재택근무로 집에서 혼자 일하고, 친구들을 만나기에는 시간과 인원 제한까지 있어 미루다보니 혼자인 시간이 늘었다. 그래서 코로나블루(코로나로 생긴 우울증)라는 말도 생겨났다. 사람은 혼자이고 싶으면서, 혼자이고 싶지 않아한다. 그래서 가족이나 친한 친구에게 매일매일 불평불만을 쏟아낼 수도 있다. 그러다 보면 결국 서로에게 상처를 주고 만다.

이렇게 상처가 쌓이고 또 덧나다보면, 결국 돌이킬 수 없는 사이가 되고 만다. 너무 멀어지지도, 너무 가까워서 무례를 범하지도 않는 사람이 되려면 어떻게 해야 할까? 그 방법을 알려드리기 위해 이 책을 쓰게 되었다.

이 세상에 가시 없는 사람은 없다. 모든 사람은 저마다 뾰족한 가시를 하나쯤 품고 산다. 나는 온기를 주기 위해 다가갔는데, 그것이 상대방에게는 따가운 가시가 될 수도 있다. 나의 의도와는 다르게 상대방에게 상처를 줄 수 있다. 모든 인간관계에서 상대방을 배려한다면 외롭거나 상처받는 일은 줄어들 것이다.

　사람과의 동행은 같은 방향으로 가는 것이 아니라 같은 마음으로 가야 한다.

　14번째로 쓴 이 책이 외롭거나 상처받은 고슴도치들에게 위로가 되기를 바란다.

2021년 11월

오수향

차례

1장

누구에게든

무해한 사람이

될 수 있다면

제발 네 인생에 훈수두세요

세상의 수많은
오지라퍼들에게 고함

_ 듣기 싫은 조언 멈추게 하는 법

"공부는 열심히 하고 있니?"

"서울에 있는 대학 가야지!"

"만나는 사람은 있니? 이제 결혼해야지."

"아이는 꼭 낳아야지."

"둘째는 언제 가질 거니?"

명절에 흔히 듣는 말이다. 고등학생일 때는 대학 진학에 대한 질문을 받고, 성인이 되면 결혼에 대해 물어보고, 결혼하고 나면 아이를 가지는 것에 대해 왈가왈부한다. 대학 대신 다른 길을 선택할 수도 있고, 연인은 있어도 당장 결혼할 생각은 없을 수도 있다. 아이는 부부의 결정이지, 그들의 문제가 아니다. 그런데도 많은 사람들이 다른 사람의 삶에 감 놔라 대추 놔라 하는 경우를 자주 본다.

코로나19로 인해 사회적 거리두기로, 한 공간에서 사람과 사람 사이에 거리두는 일이 늘어났다. 줄을 설 때도 1미터 이상 안전거리를 확보해야 하고, 식당에서 식사할 때도 식탁 하나는 띄우고 앉는다. 거리두기는 이렇게 물리적인 곳에만 존재하지 않는다. 사람 심리에도 거리두기는 필요하다.

사람마다 마음속에 자신의 안전 영역을 가지고 있다. 누군가 이 안전 영역을 아무런 경고 없이 넘게 된다면 대부분의 사람들은 불쾌감을 느낀다. 직장 동료가 자신의 영역을 함부로 침범했던 일을 겪은 미주 씨의 이야기를 들어보자.

"누가 음식 맛도 안 보고 소금을 그렇게 많이 넣어요?"

미주 씨는 이 말에 기분이 팍 상하고 말았다. 점심시간을 함께 보내던 직장 동료가 한 말이다. 다른 팀원들도 같은 자리에서 그 말을 들었다. 이 동료는 평소에도 이런 식의 말을 자주 했다. 그녀의 주요 관심사는 미주 씨의 식습관이다. 밥을 같이 먹을 때 그녀는 미주 씨에게 끊임없이 잔소리를 한다.

그녀는 미주 씨의 음식 씹는 습관이 마음에 들지 않는 것인지 대충 씹고 넘기면 건강에 좋지 않다고 말한다. 또 탄수화물을 지나치게 많이 섭취한다든가 너무 짜게 먹는다는 등 미주 씨의 식습관에 꼬치꼬치 간섭을 한다.

타인이 아무런 예고도, 양해도 없이 개인 영역에 침범하면 누구나 기분이 상한다. 미주 씨의 동료처럼 다른 사람의 영역을 침범한 사람은 간접적으로 이런 말을 하고 있다.

"당신은 지금 내 도움, 내 조언, 내 지휘가 필요해. 왜냐하면 지금 잘못된 행동을 하고 있으니까", 다시 말해 "당신은 틀렸고, 내 말은 옳아"라는 태도다. 우리는 그것을 공격적으로 받아들일 수밖에 없다. 어떻게 보면 당연한 일이다. 누구나 자신만의 영역을 가지고 있다. 그리고 우리는 이 영역의 경계가 잘 지켜질 때 타인과 좋은 관계를 유지할 수 있다.

인간관계에서 서로의 영역을 침범하지 않는다는 간단한 규칙만 지켜진다면 수많은 불필요한 갈등을 미연에 방지할 수 있다. 우리는 타인의 생활방식과 결정을 존중하는 모습을 보여야 한다. 반대로 타인 역시 우리의 생활방식과 결정을 존중하고 간섭하지 않아야 한다. 긍정적인 관계를 구축하려면 사람 사이에도 거리두기가 필요하다.

"당신이 누군가와 함께 있을 때 애정을 표현하는 가장 좋은 방법은 그 사람의 일에 개입하지 않는 것이다."

세계적인 영적 지도자인 바이런 케이티Byron Katie가 한 말이다. 간섭하지 않음으로써 상대의 영역을 존중하는 것, 이것이 관계의 기본 원칙이다.

물론 예외는 있다. 상대방이 자기 일을 스스로 해결할 수 없다면 누군가가 개입해야 한다. 예를 들어 상대방이 어린아이이거나, 도움이 필요한 사람이거나, 수재민이나 사고 피해자 등 긴급한 상황에 처한 사람이라면 말이다. 주의할 점은, 예외적인 상황이 발생했다 할지라도 상대방이 성인이라면 그 사람 스스로가 처리할 수 있는 영역을 어느 정도 존중해야 한다는 것이다. 그렇지 않으면 다툼이 벌어지기 쉽다.

상대방의 간섭을 차단하기 전에 우선 그 사람의 간섭이 나에게 유용한 조언인지, 불필요한 지적인지 따져봐야 한다.

예를 들어 내가 운전하는 자동차의 옆자리에 탄 사람이 나의 운전 방식에 간섭한다면 그것은 내 영역에 침범한 것이다. 내가 운전자고, 내가 차를 제어한다. 조수석에 탄 사람은 때때로 내게 물을 건네거나 내비게이션을 보고 방향을 알려줄 수 있다. 그런데 만약 옆 사람이 이렇게 소리친다면 어떨까?

"아니, 지금 대체 뭐 하는 거야? 운전을 왜 그렇게 해?"

이것은 명백한 간섭에 속할 수도 있지만, 내가 만약 일방통행로에서 잘못된 방향으로 가려던 참이었다면 불필요한 지적이 아니다. 잘못된 운전은 큰 피해를 불러일으킬 수 있기 때문이다. 그리고 이런 상황에서 상대방의 간섭은 양쪽 모두에게 매우 유용하다.

누군가가 당신의 영역에 침범했다면 우선 그것이 당신에게 이익이 되는지 따져라. 상대방의 간섭에 반격하기 전에 그 사람이 당신에게 꼭 필요한, 혹은 중요한 정보를 전달하려는지 짧게 생각해 보자. 그리고 그것이 어디에도 해당하지 않는다면 그때 선을 긋고 간섭을 거절하면 된다. 상대방의 말이 유익하다고 생각한다면 감사를 표하자.

앞의 상황에 대해 다시 말해보자. 미주 씨는 다른 모든 사람과 마찬가지로 자신이 만들어온 삶의 영역을 가지고 있다. 음식을 어떻게 먹을지, 무엇을 먹을지, 어떤 속도로 먹을지 하는 모든 일은 그가 신경 써야 하는 그만의 영역이다. 영역 내에서는 미주 씨가 모든 것을 결정한다. 그래서 미주 씨는 그의 식습관에 대한 동료의 의견이 영역 침범으로 느껴져 상당히 짜증이 났다. 안타깝게도 여태까지 미주 씨는 경계를 명확히 설정하지 않았으며 상대방의 간섭에 반격하지도 않았다. 그저 입을 다물고 있었을 뿐이다. 이럴 경우 상대방은 미주 씨가 자신의 말을 귀담아듣고 있을 것으로 생각할 확률이 높다. 즉 상대방이 미주 씨의 침묵을 잘못 이해한 셈이다.

직장 동료의 관점에서 보면 그녀는 미주 씨의 식습관이 건강에 좋지 않다고 생각하고 돕겠다는 마음으로 몇 가지 조언했을 뿐일 수도 있다. 어쩌면 아는 것이 많다는 사실을 보여주고 싶었는지도 모른다. 그녀는 미주 씨에게 조언하는 과정에서 자신이 개인 영역을 침범했다는 인식이 없을 가능성이 크다. 그러므로 이런 상황에서는 명확하고 단호한 의사소통이 필요하다. "저는 제 식습관에 문제가 없다고 생각합니다. 제가 옳다고 생각하는 방식대로 할 겁니다"와 같이 말이다.

미주 씨는 동료에게 자신이 먹는 방식은 자신이 신경 쓸 일이며, 도움이나 조언은 필요 없으니 상관하지 않아도 된다고 말할 수 있다. 이처럼 분명하게 경계를 설정했다면 그의 점심시간은 훨씬 즐거워졌을 것이다.

너도? 야, 나두!

어디에든
불편한 사람은 있다

_ 최소한의 예의를 지키는 법

유튜브 채널 <라이프타임>에서 걸그룹 '레드벨벳'의 조이와 웬디가 사실은 사이가 좋지 않았다는 이야기를 나누었다. 그 이유는 처음에 서로가 너무 달랐기 때문에 오해가 쌓이다보니 사이가 좋지 않았다는 것이다. 사소한 일까지 하나하나 물어보는 웬디가, 사생활을 중요하게 생각하던 조이에게는 불편했다고 한다. 결국 사실대로 불편함을 이야기하고 이를 웬디가 받아들인 다음에서야 사이가 굉장히 좋아졌다. 즉 서로에게 느끼는 '불편함'은 사실 서로에 대해서 아직 제대로 모르기 때문일 수도, 그 모른다는 사실에서 쌓이는 오해들 때문에 생기는지도 모른다.

살다보면 사람 간의 관계가 늘 좋을 수는 없다. 학교에서 같은 반이어도 사이 좋은 친구가 있을 수 있고, 어디선가 내 뒷말을 하고 다니는 친구가 생길 수도 있다. 학교를 졸업하고 사회로 나오면 더하다. 항상 나한테 부정적인 말만 쏟아내는 직장상사도 있고, 앞에서는 잘해주고 뒤에서는 내 험담을 하는 동기를 만나기도 한다. 이처럼 다양한 환경에서 불편한 사람들을 만나게 되는데, 그들과 아예 만나지 않기란 불가능하다. 어디에서든 불편한 관계는 생기기 마련이고, 그들에게는 사소한 말과 행동 하나만으로 금방 상처받기 쉽다.

불편한 관계가 되지 않으려면 첫 단추를 잘 꿰어야 한다. 즉 첫인상을 잘 남겨야 불편한 관계가 되지 않을 확률이 올라간다. 만약 좋지 못한 첫인상을 준다면 서로에게 '저 사람은 나와 다르다'라는 선입견이 생기고, 시간이 지날수록 서로에 대한 오해는 점점 커진다. 오해가 쌓이다 보면 결국 마주치기만 해도 불편한 사이가 되어 버린다.

그렇다면 첫인상을 결정하는 요소에는 어떤 것이 있을까? 깔끔한 외모나 단정한 복장, 차분한 목소리 등 여러 가지 조건이 있을 수 있다. 하지만 그런 조건을 모두 갖추었다고 해도 말 한마디를 잘못하면 처음 본 순간의 인상을 와장창 깨뜨릴 수 있다.

상대를 배려하지 않고 자기 자랑을 늘어놓거나 본인의 할 말만 쏟아내느냐고 상대의 말에 귀를 기울이지 않는다든지, 말의 내용에는 문제가 없더라도 어눌한 말투나 말을 더듬게 되면 첫인상을 좋게 남기기는 어렵다.

첫인상이 평생을 좌우한다는 말이 있을 정도로 좋은 첫인상을 남기는 것은 남녀 관계뿐만 아니라 직장을 비롯해 인간관계에서 매우 중요한 일이다. 대화를 나눌 때는 상대방의 눈을 보며 대화하라. 눈을 마주보는 것은 상대방을 존중하고 있으며, 상대의 말에 귀 기울이고 있다는 느낌을 준다. 상대방에게 신뢰감을 주는 것이다. 그리고 자신의 이야기를 떠들기보다는 필요한 말만 짧게 하고 상대의 말을 경청하는 태도가 필요하다. 사람들은 누구나 자신의 이야기를 들어주기를 바라는 마음을 지니고 있기 때문이다.

그렇더라도 불편한 사람을 아예 안 만날 수는 없다. 대부분의 사람들이 불편한 사람과 매일 마주쳐야 한다면 최대한 피하라고 말한다. 업무 관계라면 일에 관한 대화 외에는 하지 말고, 얽히는 일을 최소화하라고 말이다. 하지만 그렇게 할 경우 둘 중 한 명이 퇴사하지 않는 이상 불편한 관계는 지속될 수밖에 없다. 그 사람을 제외하고는 다 괜찮은 회사라면, 그 한 사람 때문에 계속 스트레스 받을 수는 없지 않은가. "피할 수 없다면 즐겨라"라는 말처럼 멀리하기 어려운 관계라면 먼저 인사를 건네는 것부터 시작해보자. 그럼 사람들은 이렇게 생각할 수도 있다.

"사이도 안 좋은데 어떻게 인사를 하나요?"
"내가 먼저 인사하면 나를 더 만만하게 보지 않겠어요?"

사실 인사는 누가 먼저 하라는 법이 없다. 상대방을 먼저 보았다거나 눈이 마주쳤다면 누가 먼저랄 것 없이 인사하면 된다. 하지만 불편한 사람이라 피하고 싶다거나 혹은 내가 더 상사 혹은 선배인데, 왜 먼저 인사해야 되는지에 대한 생각 때문에 하지 않으면 관계는 더 나빠질 뿐이다. 단순하게 생각하면 "안녕하세요"라고 다섯마디 내뱉는 것뿐인데, 왜 그 말이 쉽사리 입 밖으로 나오지 않을까. 그 이유는 대부분 '마음(생각)' 때문이다.

'저 사람이랑 같이 있으면 너무 불편해' '마주치는 것만으로도 이렇게 힘든데, 계속 같이 일할 수 있을까?'와 같이 생각하다보면, 처음에는 불편한 순간이 잠깐이었다가 나중에는 하루 종일 불편한 사람처럼 느껴질 수 있다. 가장 먼저 '왜' 상대방이 불편해졌는지 생각해봐야 한다. 불편해진 이유에 따라서 대처하는 방법이 달라지기 때문이다. 무엇보다 중요한 점은 불편함을 극복하려고 억지로 애쓰지 않는 것이다. '불편할 수도 있지, 뭐 어때'라고 단순하게 생각하면 시야가 달라진다.

먼저 인사를 건넬 때 다음 네 가지를 유의하자.

첫째, 상대방이 무시해도 계속 인사를 하자.

상대가 받아주지 않아도 계속 인사를 하라니, 이해가 안 될지 모르겠다. 오기를 부리자는 이야기가 아니다. 내가 불편하다고 느낀다면 상대방도 나를 불편해할 수 있다. 따라서 내가 먼저 인사하더라도 상대방은 바로 응하기 어렵다. 당황스럽기도 할 것이고, '이 사람 왜 이러지?' 또는 '내가 착각했나?' 하는 생각도 든다. 하지만 다음 날에도, 그 다음 날에도 일관되게 인사를 건네면 상대방도 마음이 풀어져 온전히 인사를 받아들이게 된다.

둘째, 인사말은 끝까지 또박또박 말하자.

민망한 마음에 말끝을 흐리며 인사를 건네는 건 아무 소용이 없다. 상대가 제대로 알아들을 수 있게끔 또박또박 힘차게 인사를 건네야 확실하게 뜻이 전달된다.

셋째, 격식을 갖출 때는 허리를 굽히자.

목례만으로는 오히려 부정적인 인식이 더 심해질 수 있다. 밝은 목소리로 인사한다 하더라도 고개만 까딱한다면 무례하게 보일 수 있다. 만약 불편한 관계인 상대방이 상사라면 더욱 그렇다. 내 마음도 편해지고, 상대방을 덜 불편하게 느끼기 위해 시작한 인사라면 어느 정도 예의를 갖추는 것이 좋다. 90도로 허리를 굽힐 필요까지는 없으나, 적당히 몸을 숙여 인사한다면 상대방도 어느 날부터는 똑같이 인사해올 것이다.

넷째, 얼굴에 미소를 잃지 말자.

딱딱하게 굳은 얼굴로 인사를 할 바에야 하지 않는 것이 낫다. 무표정한 얼굴로 "안녕하세요"라고 말하면 상대방도 기분이 좋지 않다. 만약 누군가 나에게 무뚝뚝하게 아무 표정도 없이 인사하면

서 고개를 숙인다면 어떨지 생각해보자. "좋은 아침입니다" 하고
밝은 미소로 건네는 인사의 힘이 얼마나 큰지 알 수 있을 것이다.

사이가 좋을 때도 인사를 나누는 게 쉽지 않다. 그런데 불편하게
느끼는 사람과는 오죽 어렵겠는가. 하지만 다시 안 볼 사이가 아니
라면 기본적인 예의부터 지키는 것이 좋다. 인사하다 보면 어느 순
간 상대방이 덜 불편해지는 날이 올 수도 있지 않겠는가.

입만 열면 거짓말이 튀어나와

그게 너의
인생 최대 업적이니?

_ 잘난 '척'하는 사람 상대하는 법

"내가 말이야…" 하고 입만 열면 자기 자랑을 하지 못해서 안달인 사람이 있다. 그들과 이야기를 나누면 자기 자랑으로 시작해서 자기 자랑으로 끝난다. 굳이 물어보지 않은 일인데도, 자신이 이룬 성취나 능력을 과장해서 이야기한다. 또한 자신은 "난 급이 달라" "여기 있을 인물이 아닌데 말이지~"라며 타인에게 우월한 사람으로 인식되려고 한다. 정작 상대방은 자신에게 관심도 없고, 매력을 느끼지 못하는데도 '특별한 내'가 관심을 가져주니 고마워해야 한다고 생각한다. 또한 그들은 상대방이 인정하든 안하든 자신이 더 낫다는 것을 어떻게든 내보이려고 한다. 결국에 시간이 지나면 내 이야기를 들어줄 사람이 남지 않게 된다.

어느 순간 내 이야기를 듣지 않는 사람들이 하나둘 늘어난다면, 혹시나 나도 모르게 자기 자랑만 늘어놓지는 않았나 돌아봐야 한다. 자기 자랑만 하는 사람의 경우, 다른 사람의 감정은 무시하고 '내' 이야기만 늘어놓으며, '내가 생각해도 난 잘했어'라는 생각에 사로잡혀 있다. 그 이면에는 상대방에게 인정받고 싶은 욕구가 깔려 있다. 자신이 잘났다는 것을 직접 표현해야 사람들이 알아준다고 생각하기 때문이다. 자신이 과거에 했던 일들을 이야기하면서 얼마나 대단한 사람인지 알아주기를 원하고, 지금은 얼마나 대단한 일을 하는지 자랑하기를 좋아한다. 즉 타인에게 내가 '멋진 사람' '특별한 사람'임을 인정받고 싶어하는 것이다.

항상 잘난 척하고, 이를 좋아하는 사람들은 다른 사람과 공감하는 능력이 떨어지고 정서적 친밀감이 부족하다. 그래서 '나'만 생각하는 이기적인 사람이 될 수도 있고, 내가 생각하기에 '나'는 단점 투성이지만 그래도 다른 사람보다는 내가 낫다고 생각하고 싶은 낮은 자존감에서 잘난 척을 하는 걸 수도 있다. 하지만 그들의 태도는 남들에 대한 관심이 없다는 오해를 부르기 쉽고, 그로 인해 주변 사람들이 점점 그 사람을 멀리하게 된다.

그들 중에는 진솔한 인간관계를 가지기보다는 주변 사람을 조종하거나 이용할 수 있는 관계만을 유지하는 경우도 많다. 이들은 다른 사람으로부터 관심과 존경을 받기를 원하며, 그것을 위해 자신을 지나치게 과시하고, 때로는 타인의 성과를 가로채기도 한다. 만약 정말로 능력까지 겸비한 사람이라면 자신감 넘치고 주도적인 사람이 되기도 하지만, 문제가 되는 사람들을 보면 대부분 자신의 평가를 자신의 능력 이상으로 받기를 원하기 때문에 발생한다.

또한 다른 사람의 마음에 잘 공감하지 못한다. 그리고 타인이 자신보다 아래에 있다는 것에서 우월감을 느낀다. 그래서 이런 사람들은 자신보다 뛰어난 점이 있는 사람은 멀리하고 자신보다 부족한 점이 있는 사람만을 곁에 두려고 한다. '내가 너보다는 잘났지'라는 마음을 품고 있는 것이다. 이런 우월감은 사실 열등감에 사로잡혀 있다는 반증이기도 하다. 잘난 척하는 사람들의 심리는 열등감에서 나오는 행동이라는 것을 알 필요가 있다.

주위에 잘난 척하는 사람이 있더라도 그들에게 휘둘릴 필요는 없다. 중요한 점은 그들의 열등의식에 휘둘리지 않는 것이다. 그 사람이 실제로 잘났든 그저 잘난 척을 하는 사람이든 얄미운 행동을 하더라도 그 사람의 행동에 내 감정을 소모할 필요는 없다.

한창 잘난 척하는 사람에게 정색하거나 불쾌함을 표시한다면 어떻게 될까? 그들은 당황해하거나, 되려 화를 낼 수도 있다. 내가 잘난 것에 상대방이 질투를 한다고 느낄 수도 있다. 처음에는 당황하고 화도 날 수 있지만, 가만히 생각해보면 '혹시 내가 매력이 없는 건 아닐까?'라는 생각이 들 수도 있다. 그럴수록 더욱 자신을 포장하고 과장해서 표현하려고 한다. 그래도 거절당하게 된다면 그때는 자존감에 상처받아 분노를 표출한다.

만약 주변에 입만 열면 잘난 척하는 사람이 있다면, 그 이면에는 낮은 자존감과 인정받고자 하는 욕구가 깔려 있음을 생각하면 된다. 그렇다면 잘난 척하는 사람을 어떻게 대해야 할까?

첫째, 반응하지 말 것.

이들은 누구보다 타인의 공감을 원한다. 상대가 말하는 허세가 진실인지 아닌지는 신경 쓰지 말고 그가 지닌 열등감이나 외로움에 집중해야 한다.

눈치 없이 팩트를 말하며 "에이, 그건 아니지. 사실과 다르잖아"라고 태클을 건다면 당신은 미운털이 박힐 것이다. 상대가 만약 직장 상사라면 찍히는 건 한순간이다. 이들은 자존감이 높은 척을 하지만 실제로는 대단히 자존감이 낮다. 게다가 아주 민감해서 약간의 부끄러움도 견디질 못한다. 주변에서는 그걸 금방 눈치채지만 본인은 그 사실을 인정하려 하지 않는다.

오히려 팩트를 알려주더라도 인정하지 않고 사실을 이야기한 나에게 공격적인 태도를 취할 수 있다. 긍정이든 반대가 되었든 적극적인 반응을 보이면 괜히 피곤한 상황이 생길 수 있다.

팩트로 상대를 후려칠 필요는 없지만, 그렇다고 해서 섣불리 상대방의 말에 동조해서도 안 된다. 흥미를 끌거나 상대가 말을 이어갈 만한 여지를 주면 허세는 걷잡을 수 없이 커진다.

둘째, 들어주기만 해도 절반은 간다.

비슷한 내용을 끊임없이 어필하며 잘난 척을 하는 사람이 있다. 자랑하는 자기 자신에게 취해 있는 것이다. 이들에게는 듣기 싫다는 표현보다는 "아, 저번에 그랬죠"라며 가볍게 응대하면 자연스럽게 대화가 멈춘다.

잘난 척을 하는 사람 중에는 타인을 깔보거나 흠을 지적하는 걸 즐기는 사람이 종종 있다. 남들보다 자신을 더 돋보이게 만들기 위해서다. 상대의 체면을 구기지 않으면서 나도 나쁜 사람이 되지 않기 위해서는 공격적으로 응대하기보다는 담백하게 "어, 그래" 정도로 답하자.

무조건 칭찬해주거나 상대의 말에 맞추라는 것이 아니다. 단지 그들과 다투지 말고 부드럽게 응대하라는 것이다. 자존심을 지키려는 그들의 미성숙함을 굳이 들춰내서 서로 얼굴 붉힐 일을 만들 필요는 없으니까. 과장되게 반응을 할 필요도 없다. 그저 눈짓이나 몸짓, 고개의 끄덕임 정도나 추임새 정도로 충분하다. 상대는 그것만으로도 만족할 것이다.

셋째, 상대의 진짜 장점을 칭찬하라.

"내가 한때는 춤 좀 췄어"라며 허세를 부릴 때 그 주제로 이야기를 끌어나가는 것보다는 상대가 지닌 진짜 장점을 칭찬해주면 상대의 태도도 점차 바뀌게 된다. 춤 좀 춘다고 자랑하는 사람에게 "그러고보니 OOO씨는 목소리가 참 좋아"라거나 "엄청 성실하세요" "자기관리가 진짜 철저하시네요" 같이 사실에 근거한 그의 진짜 장점을 칭찬해주면 상대는 다른 사람들에게 인정받고 있다고 느끼게 된다. 그러면 굳이 없는 일을 만들어서 잘난 척을 하거나 작은 일을 크게 부풀려서 대단한 일을 한 것처럼 이야기할 필요는 느끼지 않게 된다.

뒷말은 내 얼굴에 침 뱉기

낮말은 카카오톡이 듣고
밤말은 인스타가 듣는다

_ 험담하는 자리 피하는 법

"남을 험담하는 것은 세 사람을 죽게 한다. 한 명은 험담을 퍼뜨리는 자이고, 한 명은 그것을 듣고도 가만히 있는 사람, 마지막 한 명은 그 험담의 당사자이다."

이는 탈무드에 나오는 험담에 대한 격언이다. 그렇다고 평생 험담하지 않고 살기란 정말 어렵다. "우리 엄마는 나한테 왜 그러는지 모르겠어" "내 남자친구(여자친구)는 날 너무 힘들게 해"라는 이야기도 큰 틀에서 본다면 험담이라 할 수 있다. 당장 나를 힘들게 하는 직장 상사에 대해 나쁜 말을 늘어놓지 않으면 이 울분을 어디에서 풀어야 할지 알 수 없다. 하지만 험담한다고 해서 모든 것이 해결되지는 않는다. 계속되는 험담은 듣는 사람마저 지치게 한다. 그리고 험담은 결국 언젠가는 당사자의 귀에 들어가게 된다.

"이 대리님, 그렇게 안 봤는데 좀 그렇지 않아?"라며 회사 점심시간에 직장 상사를 험담하는 말을 한 번쯤 누구나 들어보았을 것이다. 그 상사에게 안 좋은 기분을 가졌던 사람이라면 맞장구를 치면서 같이 험담할 것이다. 그럼 험담을 시작한 사람은 내 기분에 공감해준다고 생각하면서 잘 통하는 사람이구나, 하고 친밀감을 느낄 수도 있다.

반대로 자신이 생각할 때는 험담할 거리가 없는데도 사소한 일까지 끌어와 흥보는 모습을 본다면 가시방석에 앉은 것처럼 불편할 것이다. 내가 없었던 점심시간에는 왠지 내 뒷담화를 했을 거 같은 느낌마저 든다. 근거가 전혀 없는 험담이 아니라 사실에 기반한 말이라고 해도 그 결과가 남의 험담으로 이어진다면 결코 좋은 결과를 보기는 힘들다. 특히 직장에서라면 더욱 그렇다.

우리끼리만의 비밀이라며, 당사자 몰래 뒷담화를 했다고 생각하지만 우리가 살아가는 삶의 테두리는 생각보다 좁다. 칭찬에는 '발'이 달려있다면 험담에는 '날개'가 달려있다고 하지 않았는가. 언젠가는 당사자에게 험담했다는 사실이 알려지게 되어 있다. 그리고 그 사실을 서로가 알게 되는 순간부터 사이는 멀어지고 껄끄러워진다.

만약 학교에서 친구에 대한 험담을 했다면 어떨까? "너가 내 욕하고 다녔다며?"라고 투닥투닥 싸우다가 그대로 사이가 틀어질 수도 있고, 오해였다며 다시 사이가 괜찮아질 수도 있다. 하지만 직장 상사의 험담을 하거나, 잘못해서 욕하는 메시지를 상사 본인에게 보내는 등의 실수가 벌어지면 뒷감당이 두려워진다. 특히나 그 사람이 속이 좁고 뒤끝이 긴 사람이라면? 당장이라도 퇴사하고 싶어질지도 모르겠다. 그러니 아예 뒷담화를 하지 않거나, 뒷담화하는 사람이 있다면 한 귀로 듣고 흘리는 것이 좋다.

우리 주변에는 남의 뒷담화를 하기 좋아하는 사람들이 있다. 그들은 매사에 불평불만이 가득하고 남의 트집을 잡지 못해서 안달이 나 있다. 이런 사람과 함께 있으면 자신도 한통속이 되는 듯 찝찝한 기분이 든다. 직장이든, 학교든, 동네 모임이든 이런 사람은 어디에나 꼭 한 명씩은 있다. 재미있는 점은 뒷담화를 하는 사람 중에서 자신이 남을 험담한다는 사실을 흔쾌히 인정하는 사람은 아무도 없다는 것이다. 험담하는 사람들은 상대방을 깎아내리는 것이 중요하다. 나를 힘들게 했다는 이유로, 혹은 마음에 들지 않는다는 이유로 상대방을 안 좋게 이야기한다. 그들은 사회적 지위를 두고 경쟁하는 동료나 상관의 평판을 깎아내리며 험담하는 경우에 우월감을 느낀다.

도덕적으로 올바르고 기부도 많이 하면서 좋은 이미지를 가지고 있던 연예인이 마약을 했다거나 음주운전을 하는 등의 사건을 일으키면 이때다 싶어 많은 사람들은 그를 욕하고 물어뜯는다. 좋은 일을 했던 모습들은 전부 '착한 척'이 되어버리고, 그럴 줄 알았다면서 손가락질을 한다.

이후로 아무리 좋은 모습을 보이는 연예인이 있다고 해도 뒤에서는 나쁜 행동을 할지도 모른다, 성격이 고약할 수도 있다면서 온갖 험담이 꼬리에 꼬리를 문다. "인간의 나약한 본성은 이웃이 당한 불행과 그들의 결점을 안타까워하지만은 않는다"라는 말처럼 우리 안에는 고상한 마음도 있지만 타인의 추문에 기꺼워하는 마음도 있다는 것이다.

뒷담화를 하는 사람들은 그것을 당사자에게 들켰을 때도 사실을 인정하기보다는 오히려 상대를 핍박하거나 공격적으로 대응하는 경우가 많다. 그들이 누군가를 험담하는 이유는 열등감을 가지고 있기 때문이다. 자신보다 나은 사람에 대한 열등감, 질투심을 어떤 식으로든 험담으로 표출하는 것이다. 그래서 그들이 하는 말에는 사실이 담겨 있기보다는, 과장과 왜곡이 섞여 있다. 자신의 능력이 부족한 점을 발전시키는 데 힘을 쓰기보다는 보다 쉽게 발전된 사람처럼 느껴지고자 하는 것이다.

우리가 세상을 살아가면서 누군가가 남을 욕하는 말을 듣는 것만큼 피곤하고 지치는 일은 없다. 그걸 듣는 나 자신의 기분마저 부정적으로 변하니 말이다. 모닝커피에 좋았던 기분도 탕비실에 들어와 오늘도 어김없이 상사를 헐뜯는 동료의 이야기를 들으면 가라앉아버린다.

험담은 하지 않는 것이 좋고, 듣는 자리에서는 빠르게 벗어나는 것이 좋다. 만약 주변에 험담하는 사람이 있다면 그 사람을 멀리하거나 다른 주제로 이야기를 돌려보자. 처음에는 들어주는 척하다가 "아 맞다!" 하면서 어제 봤던 프로그램 이야기를 한다던가, 최근 개봉한 영화에 대한 이야기로 주제를 돌리는 것도 괜찮을 것이다.

한두 번 그러다 보면 그 사람은 더 이상 나에게 와서 험담을 하지 않을 것이다.

반대로 내 험담을 하고 다닐 수도 있다. 매일 험담만 하던 사람이 어느 순간 내 험담을 한다면 어떻게 해야 할까? 갑자기 내 험담을 하는 그 사람이 밉고, 왜 내 욕을 하고 다니는지 화가 날 수 있다. 그렇다고 가서 따지자니 똑같은 사람이 되는 거 같고, 쓸데없는 감정소모를 하는 느낌도 든다.

가장 먼저 '화'가 난 자신을 인정하고 받아들여보자. 그 다음으로는 험담의 진위를 살피는 것이다. 거짓된 과장으로 똘똘 뭉친 험담일 수도 있지만, 사실에 기반했을 수도 있다. 예를 들어, 험담 내용이 '인사를 제대로 하지 않는다'라고 가정해보자. 그렇다면 내가 그동안 사람들에게 어떻게 인사했는지를 생각해보는 것이다. 최근에 피곤하다는 이유로 작은 목소리로 들릴 듯 말 듯 인사하거나 고개만 꾸벅 숙이는 목례만 했던 기억이 난다면 그로 인해 부정적인 이미지가 생겼을 수 있다. 그렇다면 다음부터 밝은 표정과 큰 목소리로 인사한다면 험담은 빠르게 사그라질 것이다.

그런 것이 아니라 거짓된 험담일 경우에는 시간이 지나면 결국 거짓된 이야기였다는 사실이 드러난다. 그리고 매번 험담하고 다니는 사람이라면 다른 사람들도 그 사람의 말에 신뢰성이 없다는 사실을 알고 있을 것이다.

그들은 내 겉모습만 알뿐 내 내면의 이야기는 알지 못한다. 그들은 내 인생을 살아보지 않았으며, 나의 입장이 되어본 적도 없다. 그들이 아는 건 내가 그들에게 보여준 모습뿐이다. 따라서 험담의 진위 여부를 확인한 다음, 내가 보여준 모습이 잘못된 것이었다면 바꾸면 되고, 거짓된 험담이라면 무시하면 된다.

나만 제자리걸음

친구에게
열등감을 느낄 때

_ '나'에게만 있는 것을 찾는 법

오랜만에 만난 친구와 이야기를 나누다 보면 친구는 승진도 하고, 결혼도 하고, 여행도 다니는 등 여유롭고 즐겁게 사는데 반해 나는 그동안 뭐하고 살았나 하는 생각이 들 때가 있다. 괜히 친구가 부러워지고 샘이 나서 툴툴거리거나 친구에게 좋은 일도 삐뚤게 받아치는 경우가 생긴다. 승진했다는 이야기에는, 그 회사에 아주 뼈를 묻어야겠다고 비꼬거나 여행을 다녀왔다는 말에는 지금 시국에 꼭 여행을 가야 하느냐고 핀잔을 주고 만다. 친구와 헤어지고 돌아오는 길에, 나도 모르게 느껴버린 열등감에 마음이 무거워진다. 비단 이는 친구와의 일에 국한되지만은 않는다.

한때 부모가 자식을 나무랄 때, "엄마 친구 아들은 이번에 상 받았다더라" "엄마 친구 아들은 장학금 받는다더라"라는 말로 '엄친아'라는 용어가 생겼다. 보통 친구의 자식 혹은 건너 건너 아는 사람의 자식까지 들먹이면서 비교하는 말로 자주 사용했다. 이 말을 듣고 나면 자신이 별볼일 없고, 부족한 점만 한가득인 사람처럼 느껴진다. 무엇보다 나와 가장 가까운 사람이라고 할 수 있는 부모의 입에서 나오는 말은 가장 큰 상처다.

이렇게 이야기하는 부모님의 입장은 본인의 자식이 좀더 잘했으면 하는 바람에 자극을 주려는 마음으로 친구의 아들 이야기를 한 것일 수 있다. 하지만 듣는 사람 입장에서는 타인과 비교하는 말은 화를 불러일으키고, 짜증나고, 속상하다. 거기다 자신이 한심하고 못난 존재로 느껴지기까지 한다. 반대로 남들과 비교하는 말을 듣고 정말 자극을 받아서 더 열심히 노력하는 사람도 있을 수 있다. 하지만 대개 비교당하면 위축되고 자기 자신이 부족한 사람처럼 느껴진다.

어릴 때부터 우리는 주위 사람들로 인해 누군가와 비교당하는 일을 수없이 겪는다. '엄친아'부터 시작해서 같은 반 친구에 이르기까지. 어른이 되어서 사회로 나가면 바로 옆에 있는 일 잘하는 동기나 지금은 퇴사해서 없으나 일 잘하기로 소문났던 전 직원하고도 비교당한다. 연애를 시작하게 되면 주변 지인들의 연인과 내 연인을 비교하게 된다. 누구 연인은 생일 때 장문의 편지와 비싼 레스토랑, 값진 선물까지 준다더라, 또 다른 누구 연인은 여행갈 때 A부터 Z까지 계획을 짜오고 적극적이라더라 등 타인과의 비교는 시작하면 끝이 없다.

최근 스마트폰 등으로 SNS에서 다양한 사람들의 행복한 일상이 담긴 사진들을 보면서 우울해하는 사람들도 많다. 해외여행 중인 사진이 업로드되거나 값비싼 레스토랑, 선물, 평일 한낮에 카페에 있는 사진 등을 보면 오늘도 사무실에서 상사에게 깨진 내 모습이 초라해보인다. 남들은 전부 행복해보이는데, 내 삶은 왜 이렇게 힘들기만 한지 우울해지기까지 한다. 코로나19 이후에는 집에 있는 기간이 늘어나면서 타인과의 비교는 일상처럼 느껴진다.

어릴 때부터 '경쟁'하기 시작하는 사회에서 "타인과 비교하지 말아라" "자기 자신이 중요하다" "자존감을 높여라"라는 말은 아무리

들어도 와닿지 않는다. 학창 시절에는 점수로, 사회에서는 업무 능력 및 성과로 '나'라는 사람의 가치가 정해지는 것 같다. 누군가가 나를 다른 사람과 비교하는 말을 듣는 경우도 많지만 반대로 나 자신이 스스로에게 타인과 비교하는 말을 하는 경우도 있다. '쟤는 저렇게 잘하는데, 난 왜 이럴까?'라는 생각으로 자기 자신을 괴롭힌다. 누구는 젊은 나이에 억대 재산을 모으고 자기 이름으로 된 집도 있는데, 쥐꼬리만한 월급에 그동안 모은 돈이라고는 얼마 안되는 내 통장을 보고 있노라면 한숨이 나온다.

하지만 반대로 생각하면 적은 월급이라도 꼬박꼬박 돈을 모으고 있다는 것은 긍정적인 모습이다. 다른 사람은 얼마를 모았는지를 중점으로 보지 말고, 적은 돈이라도 꾸준히 모으고 있는 자신을 긍정적으로 바라볼 필요가 있다.

잘난 사람과 비교해서 내 자신이 초라하게 느껴질 때도 있지만 반대로 나보다 못한 사람과 비교해서 우월감을 느끼는 경우도 있다. '그래도 내가 저 사람보다는 이런 점은 낫지'라고 생각하면서 타인과의 비교에서 자존감을 챙기는 경우다. 대부분의 사람들이 다른 사람과 비교하면서 자존감을 얻거나 끝없는 자기 비애에 빠져 있을 것이다. 결국 한 번쯤은 '이제 남들과 비교하는 일은 그만

해야겠다'라고 생각하게 된다. 그리고 비교하지 않기 위해서 어떻게 해야 하는지 인터넷을 검색하거나 관련 책을 찾아본다.

자존감을 높이라는 이야기에는 '자존감'과 관련된 책을 읽거나 유튜브에서 영상을 찾아본다. 내 삶에 집중하라는 이야기에는 새로운 취미생활을 찾거나 다양한 활동들을 해보기 위해 정보를 검색한다.

하지만 그 와중에도 무의식적으로 타인과 '비교'하게 된다. 누구는 이렇게 자존감이 높은데, 어쩌다 나는 자존감이 낮아서 높이는 방법을 찾아보게 됐을까. 많은 사람들이 다양한 취미생활을 하면서 살아가는데, 지금까지 나는 시간을 허투루 보낸 건 아닐까. 타인과 비교하는 데 이미 익숙해진 사람들은 이를 해결하기 위해 노력하는 순간에도 무의식적으로 비교를 하게 된다.

'비교'란 '나에게는 없고, 상대방에게는 있는 것'을 찾는 것에서 시작한다. 나에게는 없는 유명세, 좋은 학벌, 화려한 인맥, 할 일은 똑부러지게 하고 놀 땐 제대로 노는 성격 등 내가 갖고 싶어하는 것들을 상대방에게서 찾기란 정말 쉽다. SNS에서는 비교 대상이 넘쳐난다. 그렇다고 SNS를 끊으라고 한다면 비교하는 일을 멈출 수 있을까? 그렇지 않다. 다이어트에 성공했다는 친구, 승진한다는 직장 동기 등 주변에도 비교 대상은 많다. 나의 자존감을 갉아먹는 비교하기를 어떻게 안할 수 있을까?

가장 먼저 타인과 내가 같을 수 없음을 인정해야 한다. 타인과 나는 살아온 환경부터가 다르다. '나'는 '나'고, '다른 사람'은 '다른 사람'일 뿐이다. 이 세상에 '나'와 같은 사람은 없다. 다른 사람과 비교하지 않기 위해서는 '나는 세상에서 유일한 존재'라는 사실을 알아야 한다. 그 다음에는 내가 꼭 이루고 싶은 '한 가지'를 정해보는 것이다. 꼭 목표가 크고 중요할 필요는 없다. 하루에 책 한 장 읽기, 하루에 스마트폰 30분 안하기, 30분 동안 집 앞 공원 걷기 등 작고 사소한 것이라도 상관없다. 하나씩 하나씩 목표를 이루어나가면 성취감도 느껴지고, 자존감도 올라간다. 그러다 보면 점점 비교하는 일이 줄어들 것이다.

마지막으로 내가 잘하는 것을 찾고, 그것에 집중하는 것이다. 여기 여느 학생들처럼 성적에 맞춰 대학교에 진학해, 관심도 없던 학과라 학점도 좋지 않은 한 여학생의 이야기를 들어보자. 졸업을 앞둔 여학생은 취업을 걱정하고 있었다. 학점도 높지 않고, 어느 회사에서 본인을 받아줄지 모르겠다고 했다. 그 여학생에게 잘하는 것이 있는지 물어보자 굉장히 밝은 얼굴로 자신있게 이렇게 말했다.

"저는 화장품을 좋아해서 메이크업에 소질이 있어요. 친구들 화장을 도맡아서 해줄 정도에요. 제가 메이크업을 해준 친구들이 기분 좋아지는 걸 보면 저도 덩달아 기분이 좋아져요. 저는 다른 건 몰라도 화장품 하나만큼은 손에 꼽을 정도로 잘 안다고 자부해요."

이후로 여학생은 각종 제품을 비교하면서 그 화장품의 장점과 단점을 설명하는 것은 기본이고 메이크업을 할 때의 노하우도 알려줬다. 여학생은 본인이 가장 잘하는 메이크업에 집중해서 열심히 공부하고 직접 친구들에게 메이크업을 해주면서 실력을 갈고닦은 결과, 화장품 회사에 취업했다.

다른 사람과 비교하면서 자신의 단점만 계속 부각시키지 말고, 나만이 가지고 있는 장점, 내가 가장 잘할 수 있는 것에 집중한다면 타인이 더 잘났든 아니든 더 이상 신경쓰지 않게 될 것이다.

세상이 날 방해해!

"너 때문이야"로
숨기고 싶은 마음

_ 아무것도 달라지지 않는 '남 탓' 그만두는 법

　세상을 살다보면 마음처럼 되지 않는 일들이 많다. 누구나 그런 경험을 한번은 하지만 대처하는 방법은 모두 다르다. 어떤 사람은 어쩔 수 없는 일이었다며 체념을 하기도 하고, 어떤 사람은 다음에 잘하면 된다고 긍정적으로 바라보기도 하며, 누군가는 자기 때문이라며 자책을 한다. 그리고 또 누군가는 무언가 일이 잘못되었을 때 자기 잘못은 없고 모두 남의 탓으로 돌리는 사람이 있다.

'내로남불'이라는 말을 들어본 적 있는가? '내가 하면 로맨스, 남이 하면 불륜'의 줄임말로, 남이 할 때는 비난의 대상이 되는 행위를 내가 할 때는 합리화하는 태도를 빗대어 표현한 말이다.

대부분의 사람들은 타인보다는 자신에게 좀더 관대하게 행동한다. 예를 들어, 회사에서 지각을 한 상황이라고 가정해보자. 나는 눈앞에서 지하철을 놓치고, 출근하는 사람이 많아서 지하철이 지연된다거나 혹은 출근길에 사고난 차량이 있어서 길이 막혔다는 등 지각을 하게 된 상황이 있을 것이다. 회사에 도착하면 이러이러한 상황들로 인해서 지각하게 되었다고 변명할 수도 있다. 그리고 자신이 지각하게 된 이유가 저런 상황들 때문이라고, 일찍 일어나지 못한 '내'가 잘못한 건 아니라고 생각할 것이다.

반대로 다른 직원이 지각한 상황에서는 어떨까? 저 사람은 늦잠이나 자고 제 시간에 출근하지 못하는 게으른 사람이라고 생각할 수 있다. 상대방의 상황이 어땠는지는 자신이 모르기 때문에 그저 사람이 잘못했다고 탓할 수 있는 것이다.

남 탓을 하는 사람들은 무언가 나쁜 일이 생겼을 때, 어떤 일이 잘못되었을 때 문제의 원인이 자신이 아니라 외부에 있다고 생각하며, 혹시나 내가 실수한 탓이 아닐까 하는 가능성을 원천적으로 차단한다. 잘못의 원인을 타인에게 돌림으로써 자신의 자존감을 지키려고 하는 것이다. 뿐만 아니라 분노를 표출하는 가장 쉬운 수단으로 '남 탓'을 이용하곤 한다. 좋지 않은 상황에 처하면 사람은 자연스럽게 화가 난다. 그렇게 된 원인을 자신이라고 생각하지 않기 때문에 주변의 누군가에게 '네 잘못'이라고 하는 것이다.

　습관적으로 남 탓을 하는 사람들 곁에 있는 것은 매우 피곤한 일이다. 이들은 잘되면 자신 덕이고 잘못되면 네 탓이라며 타인을 비방한다. 남 탓을 하는 사람들이 가지고 있는 말버릇이 있다. "너 때문에 이렇게 됐어" "그게 아니라~"고 하면서 항상 자신도 모르게 자기합리화를 하려고 한다. 왜냐하면 나는 충분히 괜찮은 사람인데, 그런 내가 잘못을 저질렀을 리가 없다고 생각하기 때문이다. 자신의 잘못을 인정하기보다는 남 탓을 하는 것이 더 쉽기 때문이기도 하다. 자신의 잘못을 솔직하게 인정하는 것은 쉬운 일이 아니다. 인간은 누구에게나 자신을 지키고 싶어하는 마음이 있기 때문에 더욱 쉽지 않다.

　남 탓을 하는 사람들은 항상 자신이 옳다고 생각한다. 자신은 실수하지 않았으며 자신의 말이나 행동이 항상 맞다고 생각한다. 따라서 자신의 잘못을 인정하지 않는다기보다는 잘못이라고 생각조차 하지 않을 수 있다. 자신은 잘못하지 않았는데 왜 사과해야 하는지 이해할 수 없는 것이다. 이런 경우에는 잘못을 인정시키려고 하면 더욱 크게 반발한다.

실수 앞에서 남을 탓하는 사람들은 '자기객관화'가 부족한 사람들이다. '내가 부족해서 이런 결과가 벌어졌다'고 생각하지 않고 '나는 잘했는데 저 사람이, 상황이, 타이밍이 따라주지 않았다'라고 책임을 피하곤 한다. 도리어 자신을 피해자의 위치에 놓고 내가 원하는 것을 못한 이유를 부모나 환경, 타인의 탓으로 돌린다.

누구나 잘못에 대한 책임은 피하고 싶지만, 인생의 주인공이 되기 위해서는 이를 인정하고 책임져야 한다. 잘못을 인정하기 싫어서 회피하는 것은 인생의 결정권을 포기하는 것과 같다.

"내가 운동을 못하는 건 시간이 없어서야."
"내가 가난한 건 다 부모가 가난하기 때문이야."
"남자친구랑 헤어진 건 다 걔가 나빠서야!"

어떤 일이 잘못되었을 때, 흔히 하는 말이다. 지각을 했을 때도 늦게 일어난 내 잘못이 아니라 눈앞에서 출발해버린 야속한 대중

교통 탓이고, 연인이랑 다툴 때도 나를 이해해주지 못하는 상대방 잘못이고, 남들은 떵떵거리고 살 때 나는 아등바등 사는 게 아무것도 물려주지 못하는 가난한 부모 때문이라고 생각한다. 이렇게 남 탓을 하게 되면 내가 져야 할 책임에서 회피할 수 있으며, 마음도 가벼워진다.

하지만 남 탓만 해서는 아무것도 달라지지 않는다. 상황 탓만 하면 계속 지각하는 사람이 되고, 연인 탓을 하면 그 끝은 이별이다. 가난함을 부모 탓으로 돌려버리면 나는 평생 가난한 사람이 되고 만다. 자신의 잘못을 마주하기란 쉬운 일이 아니다. 하지만 평생 남 탓만 하면 삶은 더 불행해질 뿐이다. 그리고 모든 상황의 잘못은 상대방이라고 생각하기 때문에 인간관계도 나빠질뿐더러 사람에게서 받는 스트레스가 계속 쌓여갈 것이다. 어떤 상황에서든, 그 결과는 자신의 선택이 가져온 것임을 받아들이고 인정한다면 사람으로 인해 받는 스트레스가 줄어들 수 있다.

그렇지만 무슨 일을 하든 모든 것이 남의 탓이라고 말하는 사람과의 대화는 답답하고 불편하기만 하다. 누가 봐도 본인이 한 잘못인데, 상황이나 남의 탓만 하고 있으면 사실을 말해줘야 하는지 고민도 된다. 만약 그런 사람과 대화하게 된다면 크게 반응하지 말자.

"아~" "그러시군요" 정도로만 대답해도 좋다. "사실은 그쪽 잘못이 잖아요"라고 사실을 말했다가는 논쟁이 일어날 수도 있다. 그들은 상처 난 자존감을 지키기 위해 더 많은 변명을 하고, 심하면 화를 낼 수도 있다.

돌아보면 나도 남 탓을 했을 수도 있다. 당장 눈앞의 잘못을 책임지는 것에 부끄럽다면 훗날 지금을 되돌아봤을 때, 부끄럽지 않을 자신이 있는지 스스로에게 물어봐야 한다. 스스로 책임을 짊어지지 않으면 결국 나중에는 부끄러움과 후회를 남긴다. 과거에 시도한 일에 대한 평가가 죄책감, 걱정으로 가득 차는 삶은 자신을 조금씩 허약하게 만들어 삶 전체를 마비시킨다.

내가 원하는 나의 모습이 되기 위해서는 반드시 내 결정에 대한 책임을 져야만 한다. 산다는 것은 매일 아침 자기 자신으로 변모하는 과정이다. 잘못을 마주보기 위해서는 많은 용기가 필요하다. 하지만 자신의 마음을 변화시킬 수 없는 사람은 무엇도 바꿀 수 없다. 변화된 삶을 꿈꾸고 있다면, 오늘 어떤 생각을 하고 어떤 행동을 할 것인지 떠올려볼 차례다.

내 말은 왜 안 들어줘?

힘들고 지칠 때만
나를 찾는 사람들

_ 감정 쓰레기통에서 벗어나는 법

힘들고 괴로운 일이 있을 때면 누군가에게 털어놓고 싶다는 생각이 든다. 누구라도 좋으니 내 이야기를 듣고 공감해주고 위로해주었으면 하고 바라게 된다. 그를 위해 찾는 사람들이 가족이거나 친구일 수도 있고, 연인이 될 수도 있다. 그들에게 내가 힘들었던 점, 화가 났던 일, 우울했던 상황을 감정적으로 이야기하다 보면 어느샌가 그들도 우울해하고, 힘들어하며, 화를 낸다.

인간은 공감하는 동물로, 감정은 전염성을 가지고 있다. 상대방이 기뻐하고 웃으면 나도 웃음이 나고, 상대방이 울고 힘들어하면 나도 슬퍼지는 느낌이 드는 이유가 이 때문이다. 한두 번 정도 이야기를 들어주는 것은 가능하지만, 매일 끊임없이 부정적인 이야기를 듣게 되면 듣는 사람도 지쳐간다. 그리고 점차 부정적인 감정에 휩쓸리게 된다.

이처럼 자신과 상대방의 감정을 교류하지 않고 오직 자신의 감정만 일방적으로 털어놓는 사람이 있다. 그 사람은 친구나 동료, 가족, 연인이기도 하고, 직장 상사일 수도 있다. 소통이 아닌 끊임없는 부정적인 말로 나의 삶을 피폐하게 하는 사람들. 혹시 당신이 그런 사람이 아닌지 돌아볼 필요가 있다.

먼저 상대방을 감성 쓰레기통으로 만드는 사람의 특징을 알아보자.

첫째, 자기가 힘들 때만 연락한다.

상대방을 감정 쓰레기통으로 여기는 이들은 평소에는 일상적인 연락을 잘 하지 않는다. 그러다가 자신이 학교나 직장에서 또는 연인과의 사이에 문제가 생기거나 가정의 불화가 생기는 등의 힘든 일이 있을 때만 뜬금없이 연락을 해온다. 이들은 안부와 근황을 묻지도 않고 자신이 얼마나 힘든 상황인지 구구절절 설명해 사람을 피곤하게 만든다.

둘째, 무조건적인 공감을 바란다.

이들은 자신의 이야기를 들어줄 사람이 필요하기 때문에 자신에게 공감해하지 않으면 몹시 서운해한다. 자신이 얼마나 억울하고 힘든지 이해해주기를 바라며, 때로는 자기가 잘못한 상황에서도 무조건적으로 자기 편을 들어주기를 바란다. 어쩌다 자신의 잘못을 지적하면 오히려 화를 내며 연락을 끊어버리는 경우도 있다.

셋째, 해결책을 제시해줘도 고마워하지 않는다.

이들은 상황을 타개할 해결책을 얻고자 고민을 털어놓는 게 아니다. 그냥 자신의 말을 누군가가 들어주기를 바란다. 고민을 열심히 들어준 사람이 해결 방안을 제시해도 실천할 생각조차 하지 않는다. 해결책뿐만 아니라 위로를 건네도 고마워하지 않으며, 자신의 힘든 감정에서 좀처럼 빠져나올 생각을 하지 않는다.

넷째, 정작 남의 고민에는 관심이 없다.

이들의 또 다른 특징 중 하나는 자신의 고민을 말할 줄만 알고 들어주는 법은 모른다는 점이다. 자신이 세상에서 가장 힘든 처지에 놓여 있다고 생각해서 남들의 고충은 쉽게 여기는 경향이 있다. 고민 상담을 해준 친구가 자신의 고민도 이야기하려 하면 관심 없는 티를 내며 자기 할 말만 한다.

다섯째, 재미있거나 기쁜 일은 나누려 하지 않는다.

살아가면서 행복하고 즐거운 일도 있으련만, 이들은 슬프고 힘든 일만 나에게 이야기하고 즐거운 일은 공유하지 않는다. 그러다 보면 대화의 흐름이 자꾸 부정적인 방향으로 흘러가게 된다. 심한 경우에는 긍정적인 에너지를 다 빼앗기는 듯한 느낌이 든다. 결국 점차 멀어져 소원한 사이가 되기 마련이다.

직장 상사 때문에 퇴직을 고민하는 한 여성이 있다. 그녀의 직장 상사는 자신이 느끼기에 별거 아닌 것을 가지고 한번 화를 내기 시작하면 하루 종일 아무것도 할 수 없을 정도로 화를 낸다. 히스테리를 부리듯이 본인의 분이 풀릴 때까지 화를 쏟아내는 것이다. 하루 종일 반복해서 그녀의 잘못에 대해 이야기하고, 분이 풀리지 않으면 퇴근해서까지 전화를 하고, 주중 주말도 가리지 않는다. 더 이상한 것은 화를 낸 다음 날은 다른 사람이 된 것처럼 화를 낸 것 이상으로 잘해준다는 점이다. 그리고 본인이 화를 낸 것에 대한 변명을 하고, 너무 힘든 상황이라서 그랬다며 그녀를 이해시키려 한다. 그리고 다시 같은 일이 반복된다.

그는 그녀를 자신의 감정 쓰레기통으로 삼은 것이다. 자신이 힘들었던 일에 대한 분풀이를 할 곳이 없어서 만만한 부하직원에게 분이 풀릴 때까지 화를 내는 것이다.

만약 당신이 이런 경우를 당하고 있다면 아래와 같은 방법을 이용해보는 것은 어떨까.

첫째, 지나친 분노에는 항변하라.

강하게 말하지 않으면 상대는 자신이 잘못하고 있다는 것을 알지 못한다. 말한다고 해도 당장 바뀌지는 않을 수 있다. 그렇다고 해도 가만히 있으면 만만한 대상으로 여겨 상대방의 감정 쓰레기통에서 벗어나지 못할 것이다. 단, 여기서 주의할 점은 상대방과 마찬가지로 크게 소리 지르거나 험한 말을 사용해서는 안 된다는 것이다. 관찰자들은 냉철하다. 객관적인 사실로 항변한다면, 주변 사람들은 당신의 손을 들어줄 것이다.

둘째, 회사 또는 주변 사람에게 알려라.

만날 수 있는 상대라면 가급적 만나지 않는 것이 좋다. 하지만 피할 수 없는 상대라면 그 상사의 행동을 회사나 주변 동료에게 알려야 한다. 이런 사람들은 대체적으로 강약약강의 태도를 취하며, 많은 사람들에게는 친절한 태도를 보이며 자신의 이미지를 관리하기 때문에 주변 사람들에게 알려 자신에게 부당한 행동을 취하지 못하도록 사전에 막아야 한다.

이러한 조치를 취해 회사 또는 주변 사람들이 그 상사의 분노조절장애를 인식하게 해야 한다. 그러면 부서 이동 등의 해결책을 회사에 요청할 수 있는 명분이 생긴다.

자기만의 가치관과 원칙이 분명한 사람은 다른 사람의 존중을 받는다. 그러나 원칙대로 살기는 힘들다. 때로는 자기 원칙에 어긋나는 요청이나 부탁을 받는 경우가 종종 있다. 이럴 때는 어떻게 거절해야 할까?

　일을 시작한 지 얼마 되지 않은 젊은 인턴이 있다. 그는 자기가 다른 동료, 상사와의 관계가 매우 좋다고 생각했다. 하지만 인턴 기간이 끝나고 합격 통보를 받지 못해서 회사를 떠나야만 했다. 왜 그렇게 됐을까?

　동료들은 무슨 일이든 그를 찾아가 부탁했다. 그러면 그는 항상 알겠다고 말했다. 상사가 내리는 지시에도 늘 문제 없다고 대답했다. 하지만 시간이 지나면서 사람들은 그가 업무 시간에 온통 다른 사람의 일을 돕느라 정작 자신의 업무는 처리하지 못하는 모습을 보았다. 또 상사가 업무 지시를 내릴 때 늘 알았다고 자신 있게 대답했지만 실제로는 제대로 해내지 못해 결국 안 좋은 이미지만 남겼다. 안타깝게도 그는 자기가 합격하지 못한 이유를 알지 못했다.

　부탁을 들어주는 게 잘못된 것은 아니다. 하지만 과도한 친절을 베푸는 건 잘못이다. 부탁하는 상대가 누구인지, 장소는 어떠한지, 자신이 그 부탁을 들어줄 능력이 되는지 종합적으로 분석해야 한다. 거절하지 못해 덜컥 받아들였다가는 양쪽 모두에게 해가 될 수 있다.

　일을 할 때 상사가 자기에게 너무 과중한 업무를 시킨다고 불만을 터트리는 사람이 많다. 그러나 대부분 과중한 업무 이면에는 풍

성한 보상이 있다. 불만을 말하려면 그 업무 자체가 잘못되었다고 하는 편이 맞다. 그렇다면 왜 처음부터 상사에게 그 일을 하지 못하겠다고 거절하지 못하는가? 그렇게 말한다고 해서 상사가 당신을 나쁜 사람으로 보는 게 절대 아니다. 거절이 상대를 부정하는 것이 아니기 때문이다.

누군가는 잘 몰라서 하는 이야기라고 할 수도 있다. 상사가 원체 자기 말만 하는 사람이라 설득할 방법이 없고 다른 사람의 이야기는 처음부터 들을 생각조차 하지 않는다고 말이다. 그러느니 차라리 시킨 일을 하는 게 맞다고 생각한다.

당연히 그렇지 않다. 만일 그 일이 당신이 보기에 가치 없는 일이라고 판단되면 사전에 거절하는 것과 거절하지 않고 넘어가는 것은 다른 결과를 초래한다. 만일 마지막에 그 일이 성사되지 않으면 전자는 일등공신으로 인정받고 상사는 그 사람을 판단력이 좋은 사람으로 기억하고 일종의 보상을 해주고 싶은 마음이 들 것이다.

그런데 후자는 상사가 그 일 자체에 문제가 있다고 생각하지 않고 그것을 진행한 당신이 잘하지 못해서라고 생각할 것이다. 특히 감정이 섞여 있다면 누구라도 당신이 그 일을 달가워하지 않는다는 걸 알기 때문에 만일 원만하게 처리되지 않으면 사람들은 당신의 업무 태도에 문제가 있다고 생각한다. 거절하는 것을 두려워하지 말라. 처음이 어려울 뿐, 타당한 이유를 들어 거절하고 그것이 받아들여진다면 다음부터는 부당한 것을 거절하는 일이 어렵게 느껴지지 않을 것이다.

제대로 알고 말하세요

몰라도 아는 척,
없어도 있는 척하는 '척척'박사들

_ 나를 괴롭히는 참견 막는 법

우리 주변에는 굳이 물어보지도 않았는데, 자신이 마치 선생님이라도 된 것인 양 자꾸 가르치려 드는 사람이 있다. 그들은 "그 생각은 틀렸어!" "그렇게 하는 게 아니야!"라는 말을 자주 한다.

예를 들어 "오늘 된장국이나 끓여 먹어야겠어"라고 하면 "된장국은 이렇게 끓여야 제맛이지"라면서 자신의 레시피를 알려준다. 만약 청국장을 조금 첨가해서 만든다고 했을 때, 그건 된장찌개를 만드는 올바른 레시피가 아니라면서, 자신이 알려준 레시피대로 만들어 먹으라고 상대를 가르치려 드는 것이다.

묻지도 않은 일에 감놔라 배놔라 하면서 온갖 참견을 다한다. 처음에는 상대방의 조언이라는 생각에 가만히 듣다가도 이런 일이 반복되면 상대의 말이 달갑게 들리지 않는다. 그들은 어떤 한 분야나 여러 분야의 전문가이기도 하다. 그들 중의 어떤 이는 연애 전문가이고, 어떤 사람은 심리 전문가이다. 또 어떤 이는 결혼 전문가이고, 어떤 이는 직장생활 전문가다. 물론 그렇다고 그들이 그 분야에 박사 학위를 가지고 있는 것은 아니다. 다만 그들은 박사 학위를 가진 사람처럼 행세하고 있을 뿐이다.

이런 사람들과 대화를 하면 처음엔 그러려니 하다가도 나중에는 짜증이 난다. 물어보지도 않았고, 관심도 없는 것에 대한 장황한 설명을 듣는다는 일은 지루함을 넘어 괴롭기까지 하다. 그런데 왜 사람들은 누가 물어보지도 않은 것에 대해 길게 설명하려고 할까? 단순히 수다를 떨고 싶기 때문일까? 수다를 떨고 싶다면 자기 자신이나 세상에 대해 이야기를 하면 되지 굳이 왜 남의 상황까지 끌어들여 이야기하는지 궁금해진다.

먼저, 수직적인 관계를 원한다. 자신이 가르치는 위치에 있음으로써 느끼는 우월성을 계속 이어나가고 싶어 한다. 그래서 가르치려 드는 사람은 상대가 자신의 주장과는 다른 것을 주장하거나 반박하는 일을 절대 용납하지 못한다. 가르치는 행위에서 오는 수직성에 중점을 두기 때문에 가르치려 드는 사람에게 상대방과의 주고받는 대화는 있을 수 없는 일이다. 상대방이 입을 여는 순간, 수직적 관계가 수평적 관계가 되기 때문에 상대에게 침묵을 강요한다. 남녀관계에서는 "여자가 너무 유식해도 피곤하다", 노소관계에서는 "어디서 어른이 말하는데 말대꾸야"라는 식으로 상대방의 입을 막아버리곤 한다.

반대로 자신의 경험을 공유하는 사람들은 상대방의 말에도 귀기울이며 서로의 생각을 나누기 때문에 쌍방향적 관계가 형성될 수 있다.

다음으로 자기 경험을 절대시한다. 가르치려 드는 사람은 자기가 겪은 경험이 절대적이며, 언제 어디서나 통하는 것으로 생각한다. 그래서 가르치려 드는 사람은 자기가 가르친 대로 하면 누구나 자신이 얻은 성과와 똑같은 결과를 얻을 수 있다고 생각한다. 과연 그럴까? 기성세대들이 말하는 자신의 경험이라는 것도 특정한 사회, 경제, 문화적 배경과 맥락하에서 나올 수 있었음에도 불구하고,

이러한 외부성 그리고 현재와 당시의 시대적 상황 차이는 깡그리 무시하곤 한다.

마찬가지로 우리나라가 급격한 경제성장을 이룰 수 있었던 것도 그 당시 북한과의 체제경쟁 아래에서 미국의 원조와 보호무역이 가능했던 국제정세 등의 여러 이유가 크게 작용했음을 부인할 수 없다. 이런 이유와 더불어 상대 국가들이 처한 국내 상황, 현재의 국제 정세 등을 전혀 고려하지 않은 채 한국 정부는 우리가 했던 새마을 운동, 교육 발전 경험을 그대로 하면 이 국가들도 우리처럼 될 것이라 홍보한다. 다시 말하면, 가르치려 드는 사람에게 자신의 경험은 만병통치약이나 다름없다.

반면, 경험을 공유하고자 하는 사람은 자신의 배경과 맥락 등과 함께 자신의 경험을 이야기하고, 자신의 경험을 상대방의 상황과 환경에 비추어 참고만 하라고 조언한다는 점에서 가르치려 드는 사람과 크게 차이가 난다.

마지막으로 실패는 언제나 남의 탓이다. 언제 어디서나 효력을 발휘하는 해결책은 없다. 특수한 맥락과 상황에서 유효했던 것을 다른 시대와 사회에 적용하다가는 실패하기 마련이다. 가르침받은 대로 행하다가 실패하면 가르치려 드는 사람이 그 실패에 책임을 질까? 거의 모든 경우, 가르치려 드는 사람은 그 실패를 상대방 탓으로 돌린다.

현재 청년 실업률이 매우 높은 데는 복합적 이유가 있기 마련이지만, 많은 기성세대들은 청년세대들이 쉬운 길만 찾으려 해서, 혹은 노력이 부족하기 때문이라며 높은 실업률을 오직 청년세대의 탓으로 돌린다. 청년들이 노력해도 안 될 수밖에 없는 현재 상황은 그들에게 그다지 중요하지 않아 보인다.

이와 마찬가지로 남미나 아프리카 국가들이 신자유주의의 기조를 따라 경제 상황이 악화된 것에 선진국 진영은 자신들이 제시한 처방 자체를 문제 삼지 않고, 남미나 아프리카 국가들이 부패하여서 혹은 국민성이 게을러서 실패했다고 책임을 전가한다. 즉, 우리의 가르침은 문제가 없고 가르침받는 사람 혹은 국가의 노력과 능력이 부족해서 실패했다고 비난한다.

편의상 가르치려 드는 사람과 경험을 공유하는 사람을 나누었지만, 사실 가르치려 드는 불편한 사람 따로, 경험을 공유하는 고마운 사람이 따로 있는 게 아니다. 그러므로 '이 사람은 가르치려 들기 때문에 나쁜 사람이다'라거나 '저 사람은 경험을 공유하고 내 처지를 이해해주기 때문에 착한 사람이다'라고 섣불리 판단할 수는 없다.

결국 다른 사람이 편견을 가지고 나와의 대화에서 이러쿵 저러쿵 충고나 조언을 하는 것이 마뜩잖다면, 내 자신 또한 나보다 못해 보이는 사람에 대해 그렇게 하고 있지는 않은지 되돌아봐야 한다. 무의식적인 편견을 완전히 없앨 수는 없다. 하지만 그 편견을 줄여나갈 수는 있다. 누군가 나에게 불필요한 충고와 조언을 과하게 하고 있다면, 다른 누군가에게는 내가 혹 그런 사람은 아니었는지 생각해봐야 한다.

다른 의견을 지닌 상대의 말에 귀 기울이는 동안, 잠시 옆에 내려놓을 수 없을 정도로 귀중한 신념 같은 건 존재하지 않는다. 내가 그 신념을 말하지 않았다고 해서 그 신념이 사라지는 것도 아니다. 하지만 상대가 듣고 싶어 하지 않는 나의 신념을 강조하다 보면 대화 상대는 곧 사라지고 말 것이다.

솔직하고 정중한 대화의 목표는 상대를 변화시키는 것이 아니라 상대의 마음을 여는 것이다. 이 과정은 당신 자신에게 몇 가지 기본적인 질문을 던지는 데서 시작된다. 당신 자신의 의견이 얼마나 확고하든 간에, 모든 대화에서 다음과 같은 질문을 먼저 던져보기 바란다.

"혹시 다른 사람의 의견이 옳은 건 아닐까? 그들은 왜 그런 식으로 생각하는 걸까?"

상대방이 묻지 않은 일을 자신이 먼저 나서서 굳이 일장 연설을 늘어놓거나 문제를 해결하려 들 필요가 없다. 먼저 물어본다면, 그에 대해서만 명확하고 간결하게 대답을 해주도록 하자.

무언가를 자꾸 가르치듯이 말하는 사람은 일종의 나르시시즘으로 볼 수도 있다. 자신이 모두 옳다고 생각하고 때로는 조금 아는 걸 크게 부풀려서 이야기하고는 한다. 또는 자신이 이런 경험을 했다고 자랑을 하거나 이만큼의 지식을 알고 있다고 뽐내려는 마음이 있다. 이런 사람은 주변 사람을 피곤하게 만든다. 그리고 결국 자신의 주변에서 하나둘 사람이 떠나기 시작한다.

선생님이 아이를 가르치는 것마냥 이것은 이렇게 하고, 저것은 저렇게 해라는 말투는 상대에게 강요하는 느낌과 불쾌감을 줄 수 있다. 상대와 자신이 동등하다는 점을 의식하고 더 좋은 방법이 있다면, "그건 이렇게 하는 게 좋지 않을까?"하고 부드럽게 조언을 하는 것이 좋다. 그러면 상대방도 내가 가르치려 드는 것이 아니라 도와주려 한다는 사실을 알고 내 이야기를 귀담아 들을 것이다.

2장

잊으려 하면 할수록

떠오르는

그때 그 말

그게 아닌데…

정말 어디서부터
어긋난 건지 모르겠어

_ 살면서 가장 많이 하는 말실수 줄이기

최근 도쿄 올림픽 중계방송 중 말실수 때문에 구설수에 오른 채널이 있다. 바로 MBC다. 2020 도쿄 올림픽 유도 남자 73kg급 동메달 결정전에서 안창림 선수가 상대 선수를 이기고 동메달을 얻었다. 그런데 메달 획득 소식을 전하는 과정에서 MBC 캐스터가 "우리가 원했던 색깔의 메달은 아닙니다만"이라고 말해 논란이 일었다. 다른 해설위원이 급하게 "동메달로도 소중한 결실"이라고 수습

했지만 이미 내뱉어진 말은 주워 담을 수 없다. 앞서 그 말을 들은 수많은 사람들은 MBC에 분노했다. 메달을 맡겨놓기라도 했는지, 아니면 금메달 지상주의냐는 비난이 쏟아졌다. 캐스터는 '노력에 비해 성과가 아쉽다'라는 뜻을 전달하고 싶었을 수도 있다. 하지만 잘못 나온 말 때문에 비난의 대상이 되었다. 이처럼 의도치 않게 나온 말이 큰 논란을 불러올 수도 있다.

우리는 일상에서든 직장에서든 말실수를 꽤 자주 한다. 가까운 친구 사이에서는 어쩌다 한 번 말실수한 경우, 빠르게 사과한다면 우스갯소리로 여기고 지나갈 수도 있다. 하지만 직장이나 비즈니스 관계에서는 다르다. 말실수를 했을 때 가볍게 넘어갈 수 있는 경우가 적다. 당연히 말실수를 한 사람은 무척 곤혹스러워진다.

한 조사 결과에 따르면 직장인의 경우 무려 89퍼센트가 공적인 자리에서 말실수를 해 곤란을 겪는다. 더 큰 문제는 직장에서 말실수를 한 사람 중 상당수는 상대에게 계속 미움받거나 똑같이 당한다는 것이다. 또한 직장에서 이미지가 나빠지고 안 좋은 소문이 퍼지기도 한다. 심하면 업무에서 협조받지 못하거나 배제될 뿐만 아니라 심지어 고과를 나쁘게 받고 승진에서 누락되기까지 한다.

직장인이 많이 하는 말실수의 6가지 유형

- 상사, 동료, 후배, 회사 등을 뒷담화하는 실수(27.6%)

- 잘못된 단어 사용으로 인한 실수(26.5%)

- 호칭 실수(15.7%)

- 끼지 말아야 할 상황에서의 말실수(14.6%)

- 상대방의 자존심을 건드리는 말실수(10.3%)

- 욕설과 비속어 실수(5.2%)

말실수를 하는 이유는 무엇일까? 가장 큰 원인은 실수한 사람의 성격이 급한 나머지 한 번 더 생각하고 말하지 못해서다. 그다음으로 많은 이유는 누군가에 대한 안 좋은 감정이 무의식중에 말로 표출되어서다. 또 특정인에게 잘 보이려고 지나치게 욕심을 부려서이기도 하다. 이외에는 말주변이 없거나 상대방의 말을 제대로 이해하지 못해서다. 이런 이유에 비춰 보면 특정한 몇몇 사람만이 말실수를 하는 게 아니다. 누구나 말실수를 하고, 할 수 있다는 말이다.

말은 때와 장소에 따라 더욱 조심해야 하지만 거의 모든 사람이 말실수를 일삼는다. '대화의 신'이라고 불리는 래리 킹 또한 방송을 시작한 초반에는 너무 긴장한 나머지 광고 카피를 잘못 말하는 실수를 두 번이나 했다. 그는 'Plager Brothers-For the Best in Bread(빵 중에 최고는 플레이저 빵집)'라고 해야 할 멘트를 잘못 말한 적이 있다. 'Plager Brothers-For the Best in Bed(방 중에 최고는 플레이저 빵집).'라고 말한 것이다.

이처럼 래리 킹조차도 말실수를 하니, 평범한 사람은 살면서 얼마나 많은 말실수를 하겠는가. 흔히 말실수를 엎질러진 물이라고 한다. 물을 엎지르지 않으려면, 혹은 물이 엎질러졌다면 어떻게 해야 할까?

'내가 뭘 어쨌다고….'
'말하다 보면 그럴 수도 있지.'
'내가 그런 말을 했다고?'

이런 마음가짐은 절대 안 된다. 갈등만 더 키울 뿐이다. 말실수를 한 사람은 자신의 잘못부터 인정하고 사과해야 이어지는 오해를 막고 자신에게 돌아오는 피해를 최소화할 수 있다. 말실수를 했을 때 사과하려면 세 가지 요건을 갖춰야 한다.

첫째, 말실수를 한 즉시 사과하라

둘째, 진심으로 사과하라

셋째, 달라진 모습을 보여라

이 중 하나라도 빠지면 효과가 없다. 공적인 사이에 말실수로 오해가 생겼을 때, 엎질러진 물이 마를 때까지 방관하지 말고 바로 물을 닦아야 한다. 제대로 전하는 사과는 부지불식간에 생기는 오해를 막을 수 있다.

그렇다면 우리는 어떻게 해야 오해도 불러일으키지 않고, 상처도 주지 않는 대화를 할 수 있을까? 그저 대화의 기술을 배우기만 하면 될까? 그렇지 않다. 기술보다 중요한 것은 마음이다. 아무리 말을 뛰어나게 잘한다고 해도 그 말에 진심이 담겨 있지 않다면 누구도 그의 말을 귀담아듣지 않을 것이다. 허공에 대고 말만 잘하는 사람이 되지 않으려면 항상 상대방의 입장에서 생각하는 역지사지의 자세가 필요하다.

어떤 말을 하기 전, 만일 내가 이 이야기를 듣는다면 어떨지 생각해보자. 반대로 상대방이 나에게 비슷한 말을 했을 때, 나는 어떤 기분이었는지 떠올려보면 상처주지 않는 대화를 하기가 수월해질 것이다. 또한 상대방은 위로를 바라고 있는데, 내가 하는 말이 위로가 아니라 충고는 아닐지 한번 더 고려해보는 것도 좋다. 내가 상처받지 않으려면, 상처가 되는 말도 하지 않아야 한다.

우리는 늘 상처를 받고 살아간다. 어릴 때는 "넌 할 줄 아는 게 뭐니?" "머리가 나쁜 건지 공부를 안 하는 건지…" 같이 부모가 무심코 던진 말에 상처를 받고, 자라서 사회에 나가게 되면 직장 상사에게 "이걸 일이라고 해왔어? 다시 해 와!" "젊은 사람이 일머리가 없어"라고 핀잔을 듣게 된다. 가정을 꾸리고 아이를 키우면서는 사춘기가 온 아이에게 "엄마가 나한테 해준 게 뭐야?"라는 말에 상처받는다. 오해와 갈등을 일으키는 것도 '말'이다. '무심코 던진 돌에 개구리는 맞아 죽는다.'라는 속담처럼 생각 없이 던진 말에 사람들은 상처받는다.

"어떻게 그런 말을 할 수 있어?"라는 말을 듣는 순간 '아차!' 싶지만 이미 뱉은 말은 돌이킬 수 없다. 나름대로 상대방을 위로하기 위해서, 혹은 다른 의미로 한 말이 의도치 않게 상대방에게 상처가 되기도 한다. 이처럼 내가 말하고자 했던 의미랑 다르게 나온 '말' 때문에 상대방의 기분을 상하게 하는 일은 누구나 한 번쯤 겪는 일이다.

　반대로 상대방의 말이 나를 상처 입히는 경우도 있다. '왜 저렇게 말하지?' '무슨 뜻으로 한 말일까?'라는 생각이 들게 하는 말이다. 사람은 살면서 수많은 인간관계를 맺고 살아간다. 사람 사이에서 스트레스 받고 상처 입는 경우는 대부분 '말' 때문이다. 많은 사람들이 할 말을 제대로 전하지 못해서 오해가 생기고 서로를 상처 입히는 일이 발생한다. 내가 상처입기 싫은 만큼 상대방에게도 상처를 주고 싶어하지 않는 사람이라면 상처주지 않는 대화법에 대해서 알아야 할 필요가 있다.

머릿속이
새하얘지는 '침묵'의 순간

_ 하면 할수록 꼬이는 말 풀기

출근하는 엘리베이터 안에서 인사만 나눈 회사 동료들끼리 있을 때, 시선은 바뀌는 층수만 바라보며 내릴 때만 기다린 적이 있는가? 점심시간에 팀원끼리 식사하러 가서 수저를 깔고 물을 따른 다음, 무슨 말을 해야 하는지 멀뚱멀뚱 앉아만 있던 적이 있는가? 출장 중에 상사와 단둘이 차를 타고 이동할 때, 어떤 이야기를 해야 하는지 머릿속이 복잡한 적은 한 번쯤 겪어보았을 상황이다.

그때마다 천연덕스럽게 먼저 말을 건네고, 잘 말하는 사람들을 보면 부럽기도 하다. 그리고 나는 왜 저렇게 자연스럽게 말하지 못하는지, 대체 이런 상황에서 항상 말문이 막히는 것인지 자책하기도 한다. 그래서 모든 사람과 친하게 지내고 직급 상관없이 대화를 잘하는 지인에게 어떻게 하면 말을 잘할 수 있는지 방법을 물어보았다. 그가 한 대답은 굉장히 의외였다.

"말을 덜 하면 돼."

말을 잘하는 방법을 물었는데, 오히려 말을 덜 하라니. 처음에는 이게 무슨 말인지 모를 것이다. 그는 거기에 덧붙여 상대방이 잘 말할 수 있도록 잘 들어주는 것이 말을 잘하는 방법이라고 말했다. 이 이야기를 듣고 나는 '6:3:1의 법칙'을 만들었다. 이는 어떤 주제로 누군가와 대화한다면 이 중 60퍼센트는 듣고, 30퍼센트는 말하고, 10퍼센트는 침묵하는 것이다.

취업준비생 시절, 자기소개서에 항상 쓰이는 장점은 '경청'이었다. 대다수가 경청의 중요성을 충분히 알고 본인은 잘 들어주는 사람이라고 썼다. 그래서 면접에 들어가면 자기소개서에 쓴 경청을 어필하기 위해 시선은 말하는 사람 쪽으로 고정한 채 일정한 주기로 고개를 끄덕거리곤 했다. 이런 자세가 면접에서 가점이 될 수 있겠지만 실제 상황에서 활용하기에는 힘들다. 그리고 면접장의 의도된 자세가 실제 본인의 모습이 되는 경우는 없다. 이처럼 누구나 경청을 잘한다고 하지만 주위를 둘러보면 정말 잘 듣는 사람을 찾기란 결코 쉬운 일이 아니다.

경청이 어려운 이유는 표현의 욕구를 지닌 인간의 본능 때문이다. 이 욕구는 말하기를 통해 해소된다. 회사에서 상사에게 치였거나 남편이나 아이가 속썩이면 친구나 누구에게든 말하고 싶어진다. 마음속에 있는 이야기를 털고 나면 후련해지는 이유도 마찬가지다. 하지만 듣는 것으로 즐거움을 얻는 일은 굉장히 드물다. 경청이 어려운 이유다.

그럼에도 경청이 중요한 이유는 말을 잘 하기 위해서다. 말로 주는 상처가 가장 아픈 상처라고 할 만큼 말을 할 때는 항상 신중해야 한다. 의도치 않게 나오는 말이나, 혹은 잘못 내뱉은 말로 상대방을 상처입히지 않기 위해서는 많이 들어야 한다. 보고서를 쓸 때 큰 목소리로 주장을 내세워도 이를 뒷받침할 근거가 없으면 설득력이 없는 것이나 마찬가지다. 말하기도 마찬가지로 듣기를 통해 근거를 모아 대화의 설득력을 높여야 한다. 그래서 대화할 때 60퍼센트는 듣는 데 신경 써야 한다.

그렇다면 경청은 자연스럽게 배울 수 있을까? 말하기 능력이 타고나는 게 아닌 것처럼 듣기도 연습이 필요하다. 아무것도 하지 않고 그냥 귀로 듣기만 하는 것은 경청이 아니다. 능숙하게 들을 수 있는 스킬은 알아보고 연습해보자.

대화할 때는 상대방의 대각선 방향에 서서 이야기하는 것이 좋다. 정면에서 마주 보거나 옆으로 나란히 대화할 경우 서로 부담스러울 수 있다.

눈을 마주치면서 대화하라고 배웠지만, 너무 뚫어져라 쳐다볼 필요는 없다. 대화 중간 중간 아이컨택을 하며 잘 듣고 있다는 신호만 보내면 된다. 만약 상대방 눈을 쳐다보는 일이 부담스럽거나 어렵다면 인중이나 미간을 쳐다보면 된다.

상대방의 말을 중간에서 끊지 않는다. 한창 이야기하고 있는 상대방의 말을 갑자기 끊으면서 내 이야기를 한다면 상대방은 불쾌할 것이다. 반대로 내가 이야기하고 있는 상황에서 상대방이 끼어들면 본인의 말을 제대로 듣기는 했는지 의심스럽다. 따라서 충분히 상대 이야기가 끝나기를 기다린 다음 내 이야기를 하자.

투머치 토커와 대화할 경우 상대방이 전달하고자 하는 핵심 내용이 무엇인지 파악한다. 의미없는 말들 사이에 숨은 핵심을 파악했다면 마침표 지점을 찾는다. 무조건 말을 많이 들어준다고 해서 좋은 것만은 아니다. 무슨 말을 하려는 건지 모를 만큼 말이 많은 사람들의 이야기를 다 들어주다가는 본인이 감정 쓰레기통이 된 것은 아닌가 하고 생각할 수 있다. 따라서 마침표 지점을 찾아 적절한 순간에 끊는 것이 좋다.

반대로 말이 너무 적은 사람과 대화할 때는 상대방 목소리 톤이나 표정, 제스처 등을 유심히 살펴보면서 대화로 표현되지 않는 정보들도 함께 읽는다.

팔짱을 끼거나 다리를 꼬지 않는다. 심리학적으로 팔짱을 끼는 것은 상대방에게 경계심을 나타내는 행동이며, 다리를 꼬는 것은 무례해 보일 수 있다.

상대방이 말하는 중에 다음에 무슨 말을 할지 생각하지 않는다. 사람은 동시에 두 가지 일을 처리하기 힘들다. 상대가 말하는 중에 다른 생각을 한다면 짧은 시간일지라도 상대가 무슨 말을 했는지 잊을 확률이 높다. 따라서 상대가 말할 때는 온전히 상대에게 집중하도록 하자.

기계적으로 리액션하기보다는 공감해야 한다. "오, 진짜?" "아, 그래?"는 누구나 할 수 있는 리액션이다. 계속 이렇게 반응하다가는 진짜 내 말을 듣고 있는 건지, 아니면 기계적으로 반응하고 있는지 의심이 든다. 따라서 "나도 그렇게 느꼈어" "내 생각도 마찬가지야"라고 공감하면 상대방과 훨씬 기분 좋게 대화할 수 있다.

이렇게 상대방이 하고 싶은 주제가 무엇인지 집중해서 듣다 보면 자연스럽게 다음에 해야 할 말이 떠오를 것이다. 그것이 상대방이 듣고 싶어 하는 이야기일 확률이 훨씬 높다. 듣기만 잘해도 이미 말하기의 절반은 성공한 셈이다.

잘 들어주었다면 다음은 말해야 할 차례다. 먼저 말할 시간을 파악한다. 일반적으로 20초가 넘어가면 상대방의 집중력과 관심은 확 떨어진다. 이 시간보다 오래 이야기해야 할 경우 상대방의 행동을 잘 살펴본다.

데즈먼드 모리스Desmond Morris의 《털 없는 원숭이》라는 책에서 인간의 본심은 어깨 아래에서 드러난다고 말했다. 즉 표정은 어느 정도 의식적으로 관리할 수 있지만 나머지 신체에서 나타나는 무의식적인 행동은 컨트롤이 어렵다. 상대방이 머리카락을 자꾸 만진다거나 시계, 스마트폰을 확인하는 것은 대화가 지루하다는 신호를 보내는 것이다. 이러한 신호를 잘 관찰해 한 번에 40초가 넘지 않는 선에서 말하는 것이 좋다.

말하는 시간을 최소화하면서 상대방에게 명확하게 의사전달을 하기 위해서는 말하고 싶은 것이 무엇인지 확실히 해야 한다. 핵심만 요약해 어떤 맥락이 중요한지 파악하고 말하기 전에 머릿속으로 짧게 요약할 수 있어야 한다. 그리고 결론부터 먼저 말해야 한다. 가장 전달하고 싶은 내용을 앞에 두고 말을 시작하는 것이 좋다. 불필요한 비유나 수식을 피하고 상대방이 호응할 만한 키워드나 관심 가질 만한 사례를 적절히 활용한다면 더욱 좋다. 사람은 단순함을 좋아한다.

잘 듣고 잘 말하더라도 대화가 뚝뚝 끊어지고 어색한 순간이 계속 찾아올 수 있다. 이럴 땐 첫째, 앞서 말한 내용을 재활용하며 꺼져가는 대화의 불씨를 다시 살려본다. 같은 내용이더라도 분명 놓친 부분이 있을 수 있다.

둘째, 주관식 질문을 던져본다. "예" "아니오"로 대답할 수 있는 것이 아닌 의견을 제시할 수 있는 질문으로 대답을 유도한다. 예를 들어 어색할 때 흔히 쓰이는 주제가 날씨다. "요즘 날씨 너무 춥죠?"라고 질문하면 상대방은 "그러네요"라고 대답해 대화가 끝이 날 수 있다. 그러나 "요즘 날씨 너무 춥죠? 추울 때 즐겨 먹는 음식 있으세요?"라고 물으면 자연스럽게 대화가 진행된다.

셋째, 본인에 관한 정보부터 드러낸다. 어색할 때 가장 많이 하는 질문이 "요즘 잘 지내?"다. 이런 추상적인 질문은 분위기를 급속도로 냉각시킬 수 있다. 이런 질문에 보통 "별일 없어. 사는 게 다 똑같지" 하는 답변과 함께 대화가 끝나는 경우가 많다. 직장에서 친분이 있지 않은 이상 개인의 사생활에 대해 노출하기를 꺼린다. 그래서 상대방의 사적인 질문에 두루뭉술하게 둘러대느라 더 이상한 답변만 들을 수도 있다.

이런 질문을 할 경우에는 본인에 대한 정보를 우선 드러내고, 이에 대한 상대방의 경우를 물어보는 것이 대화를 이어나가는 데 더욱 유리하다. 앞서 언급했던 날씨를 주제로 예를 들면 "요즘 날씨 너무 춥죠? 저희 집은 보일러가 고장이 나서 빨리 고쳐야 하는데 걱정이네요" 개인의 정보를 우선 공개하면서 이에 대한 상대방과의 공통분모를 계속 찾는다. 그렇다고 너무 속속들이 보여줄 필요는 없다.

넷째, 칭찬할 구석을 찾아본다. 상대방이 좋고 나쁨을 떠나 존재 자체를 인정하며 생각하지 못했던 칭찬할 부분을 찾아본다. 칭찬하는 것이 어색할 수 있다. 아무리 머리를 쥐어짜도 어떻게 칭찬해야 할지 모를 때가 있다. 이럴 땐 '~ 때문에'를 '~ 덕분에'로만 바꿔도 훨씬 칭찬하기 쉬워진다. 어색할 때 부정적인 말보다 긍정적인 말들이 훨씬 주제 찾기가 쉽고 대화가 끊어지지 않을 확률이 높다.

모든 시간을 대화로 채울 필요는 없다. 대화하지 않을 때 느껴지는 어색한 공기가 싫어 일단 말을 꺼내는 사람들이 있다. 대화해야 한다는 강박관념은 오히려 대화를 꼬이게 하거나 영양가 없는 대화만 왔다 갔다 하게 만든다. 대화에도 여백이 필요하다. 분위기를 전환하거나 새로운 대화 주제를 생각할 수 있는 침묵의 시간이 필요하다.

또한 침묵을 적절하게 활용한다면 더욱 확실하게 상대방에게 메시지를 전달할 수 있다. 말을 꺼낸 뒤 짧은 침묵을 함께 끼워 넣는다면 상대방은 침묵 다음에 중요한 말을 할 거라는 생각을 갖게 된다. 이는 훨씬 더 본인의 말에 주의를 기울이고 집중하게 만들어 준다.

살면서 듣고 싶었던 말

나도 말을
잘하고 싶다

_ 말하기보다 중요한 3초 침묵하기

많은 사람들이 말을 '잘'하고 싶어한다. 말을 잘하는 것은 중요하다. 대학교에서는 발표할 때, 말을 잘하면 좋은 점수를 받을 수 있다. 대학교를 졸업하고 취업을 준비할 때는 면접에서 잘 말해야 취직할 확률이 높아진다. 즉 능숙하게 말할수록 내가 원하는 것을 더 쉽게 얻을 수 있다. 또한 다양한 사람들과 대화를 나눌 때, 나를 잘 보호하고 상대에게 상처주지 않는 대화를 하기가 어렵지 않다.

특히 직장을 편하게 다닐 수 있다. 직장에서 말을 잘한다는 것은 곧 상사와 부하, 동료 사이에 의사소통을 원활히 잘한다는 것이다. 이렇게 말을 잘하는 직원은 인간관계에서 불필요한 오해와 스트레스, 격한 감정을 경험하는 일이 적다. 일하다 보면 꼭 화나고 상처받는 일이 생기게 마련이다. 이럴 때 욱하지 않고 상처받지 않을 수 있도록 능숙한 대화법을 익히는 것이 필요하다.

그렇다면 말을 잘한다는 것은 무엇일까? 발음이 또렷하거나 숨도 쉬지 않고 말할 수 있어야 말을 잘하는 것처럼 생각할 수 있다. 하지만 말을 하는 '기술'보다도 더 중요한 것이 있다. 바로 마음을 울리는 힘이다. 말을 아무리 잘하더라도 마음에 와닿지 않는다면 말을 잘한다고 볼 수 없다. 하지만 처음부터 마음에 와닿는 말로 전하고자 하는 바를 잘 표현해야 한다고 하면 어렵게 느껴질 수 있다.

말을 잘하기 위해 가장 쉽고 빠른 방법은 '3초 침묵'이다. 대화를 하기 전에 3초 정도 침묵하면서 어떤 말을 할 것인지 생각으로 먼저 정리해보는 것이다. 3초가 짧다고 느껴질 수도 있지만, 그 시간에 내가 말하고자 하는 바를 한 번 더 생각하고 말한다면 나중에 후회할 말을 하는 일이 줄어든다.

말을 잘하려면 상대의 이야기를 잘 들어주는 것도 중요하다. 상대방이 무슨 말을 하는지 제대로 듣지 않고 내가 하고 싶은 말만 한다면 아무리 청산유수로 말하더라도 잘 말한다고 할 수 없다. 상대방의 이야기를 잘 들어주고, 그거에 공감하거나 주제에 맞는 이야기를 한다면 충분히 말 잘하는 사람으로 보일 수 있다. 말하는 것만큼 듣는 것도 중요하며, 여기서 '3초 침묵'은 듣는 시간에 해당한다고 생각하면 좋다.

그렇다면 말을 잘하는 사람은 어떤 사람이 있을지 한번 생각해보자. 가장 먼저 떠오르는 사람은 국민MC 유재석이다. 그는 수많은 예능 프로에서 깔끔하고 매끄러운 진행으로 많은 시청자의 눈을 사로잡고 있다. 현재 그가 진행하는 <유 퀴즈 온 더 블럭>이라는 프로만 봐도, 그가 왜 우리나라 최고의 MC인지 알 수 있다. 그의 장점은 여느 MC와 달리 게스트를 편하게 한다는 점이다. 그가 출연하는 여러 프로를 보면, 유재석이 말을 굉장히 많이 하는 편은 아니라는 것을 알 수 있다. 그는 결코 자기 혼자 무대를 장악하거나 마이크를 독점하지 않는다. 오히려 그 반대다. 그는 게스트와 패널에게 더 많이 말할 기회를 주고, 자신은 기꺼이 듣는다. 그는 진행자로서 배려와 경청이 몸에 밴 사람이다. 왜 경청에 더 관심을 기울일까? 그는 이렇게 말한다.

"그 사람이 나를 좋아하길 바란다면 그 사람의 마음이 무엇인지, 그 사람이 원하는 게 무엇인지를 자꾸 들으려고 해야 돼요. 그러면 그 사람이 어떻게 안 좋아할 수 있겠어요."

즉 말을 잘하는 기술보다도 상대방의 입장에서 생각하고, 상대방의 마음을 헤아리는 것이 먼저라는 뜻이다. 말을 잘한다는 것은 뛰어난 언변이 아니라 진심이 담긴 말, 상대방이 듣고 싶어하는 말을 하는 것이다. '말 잘하는 사람' 하면 가장 먼저 생각나는 국민 MC 유재석은 말하기의 비결을 '소통'에 두고 있다. 그는 오랜 방송 경험을 살려 자신만의 '소통의 법칙 10'을 만들었다. 과연 그가 말하는 소통의 법칙이란 무엇일까?

소통의 법칙 10

① '앞'에서 할 수 없는 말은 '뒤'에서도 하지 마라. 뒷말은 가장 나쁘다.
② '말'을 독점하면 '적'이 많아진다. 적게 말하고 많이 들어라. 들을수록 내 편이 많아진다.

③ 목소리의 '톤'이 높아질수록 '뜻'은 왜곡된다. 흥분하지 마라. 낮은 목소리가 힘이 있다.

④ '귀'를 훔치지 말고 '가슴'을 흔드는 말을 해라. 듣기 좋은 소리보다 마음에 남는 말을 해라.

⑤ 내가 '하고' 싶어하는 말보다, 상대방이 '듣고' 싶은 말을 해라. 하기 쉬운 말보다 알아듣기 쉽게 이야기해라.

⑥ 칭찬에 '발'이 달렸다면, 험담에는 '날개'가 달려있다. 나의 말은 반드시 전달된다. 허물은 덮어주고 칭찬은 자주해라.

⑦ '뻔'한 이야기보다는 '펀fun'한 이야기를 해라. 디즈니만큼 재미나게 해라.

⑧ 말을 '혀'로만 하지 말고 '눈'과 '표정'으로도 해라. 비언어적 요소가 언어적 요소보다 더 힘이 있다.

⑨ 입술의 '30초'가 마음의 '30년'이 된다. 나의 말 한 마디가 누군가의 인생을 바꿀 수도 있다.

⑩ '혀'를 다스리는 것은 나지만, 내뱉어진 '말'은 나를 다스린다. 함부로 말하지 말고, 한 번 말한 것은 책임져라.

이를 보면 그가 말로 성공할 수밖에 없는 이유를 알 수 있다. 그런데 과연 유재석의 뛰어난 언변은 타고난 것일까? 그는 처음부터 말을 잘하는 사람이었을까?

사실 그렇지 않다. 그도 데뷔 초기에는 지금과 많이 달랐다. 20대이던 그는 <연예가중계> 리포터를 하면서 버벅거리는 말실수를 연발했다. 극도의 긴장에 방송을 제대로 하지 못했다. 그래서 "죄송합니다"라고 말하기까지 했다. 그리고 그는 방송에서 하차하게 된다.

지금은 누가 그 당시의 그를 떠올릴 수 있을까? 그는 자신의 문제점을 잘 극복한 끝에 지금의 자리에 설 수 있었다. 그러니 내가 말을 잘 못한다거나, 의도치 않은 말로 상대방에게 상처를 주었더라도 한탄하지 말고 좌절하지도 말라. 노력하는 만큼 얼마든지 나은 모습으로 변할 수 있다.

개그 잘하면 나한테 바나나?

건조한 분위기를
촉촉하게!

_ 위트 있는 사람 되기

"바나나맛 우유 마시면 나한테 반하나?" "잘생긴 부처님은 부처 핸섬!"과 같은 통칭 '아재개그'를 누구나 들어봤을 것이다. 처음 들으면 무슨 소리인가 싶게 어이없지만, 되짚어 생각해보면 피식 웃음이 나오는 개그다. 마마무에서는 '아재개그'를 소재로 노래까지 나왔다.

한때 온가족이 일요일에 텔레비전 앞에 모여앉아 코미디 프로그램인 <개그콘서트>를 같이 보면서 하하호호 웃기도 했다. 지금은 <개그콘서트> 프로그램 폐지에, 유튜브같은 플랫폼들의 활성화로 더 이상 가족이 모여앉아 개그 프로그램을 보지 않지만 여전히 우리는 유머를 즐긴다.

이처럼 유머는 경직되고 딱딱한 분위기를 가볍게 만들어준다. 재미있는 유머를 들으면 사람들은 웃게 되고, 웃음 소리와 환하게 웃은 표정에 긴장감, 불안함 등의 감정들이 가라앉기 때문이다. '웃는 얼굴에 침 못 뱉는다'는 속담도 있듯이 '웃음'은 긍정적인 효과가 많다.

사람들이 대화하면서 얻는 스트레스는 대부분 딱딱한 상하 관계, 긴장된 분위기 그리고 반복되는 일상의 지루함을 들 수 있다. 이러한 이유들 때문에 일상과 사회생활에서 소통이 잘 되지 않는다. 그렇다면 한 방에 원인을 제거할 수 있는 비법은 무엇일까? 바로 유머와 칭찬이다.

어느 국회의원은 유머가 뛰어났다. 국회 시정연설 직전에 대통령이 그 의원을 향해 "역량이 대단하신 것 같다"라고 말했다. 그러자 그 의원이 이렇게 대답했다.

"내가 비대해서 비대위원장을 또 하는 것 같다."

이 국회의원은 유머 있는 말로 대통령과 10년 가까이 좋은 사이를 유지하고 있다.

이처럼 유머는 딱딱하고 경직된 분위기를 풀고 소통의 윤활유 역할을 한다. 특히 대중 연설을 할 경우 "최소 20분에 한 번은 웃겨라"라고 권할 만큼 유머가 중요하다. 이는 대중으로 하여금 지루함을 없애고 집중도를 높여 기억력을 좋게 하기 때문이다.

흔히 유머에 활용하라고 하면 콩트나 재미있는 UCC 등 시청각 자료를 사용하기도 한다. 하지만 제대로 효과를 보지 못하는 경우가 많다. 래리 킹은 저서 <대화의 신>에서 유머를 방해하는 말 4가지를 언급하고 있다. 이는 반드시 피해야 한다. 이런 말들은 너무나 상투적이고, 청중의 기대에 실망을 주기 십상이기 때문이다.

"농담 한 마디 하겠습니다."

"오늘 여기 오는데 재미있는 일이 하나 있었습니다."

"농담이 하나 있는데, 들어보면 재미있을 겁니다. 진짜로 웃기는 이야기에요."

"농담 하나가 생각나는데, 들어본 사람도 있겠지만 해보겠습니다."

말하는 사람에게 유머 감각이 있으면 짧은 말 한 마디로도 즉각적인 현장 반응을 얻어낼 수 있다. 사실 유머를 직업으로 한 개그맨들도 많은 시간 동안 연구하고 노력해서 감각을 기른다. 그런 만큼 일반인이 단시간에 유머 감각을 기르기란 힘들다. 유머는 음식 같아서 먹어본 사람이 맛있게 요리할 수 있다. 따라서 많은 관찰과 자료 섭렵, 그리고 웃는 경험을 통해 자연스럽게 코드를 습득할 수 있다. 그래야 모두가 공감하는 유머를 발휘할 수 있다.

유머 감각을 익히기 좋은 방법은 많은 코미디 연극과 공연을 접하는 것이다. 대학로에 가서 사람들이 많이 찾는 코미디 공연을 보고 마음껏 웃어보자. 유머 감각이 없고 썰렁한 사람들의 공통점은 어디서, 왜 웃는지를 모른다는 것이다. 때문에 공연장에서 사람들과 함께 동화되어 많이 웃다보면 유머 감각을 기를 수 있다.

그 다음으로 좋은 방법은 어린 아이들과 함께 TV를 보는 것이다. 아이들은 원초적인 자극에 바로 반응하기 때문에, 어렵고 난해한 개그에는 웃지 않는다. 아이들과 함께 TV를 보며 웃다보면 어른부터 아이까지 모두 공감하는 웃음 포인트를 습득할 수 있다.

뭐니 뭐니 해도 유머는 타이밍이다. 따라서 아무리 웃긴 유머집을 구해 일화를 적고 외워도 타이밍을 놓치면 소용이 없다. 그것을 몸에 익혀서 자연스럽게 튀어나와야 대중의 호응을 얻을 수 있다. 자신의 몸에 맞는 유머 코드와 감각을 익혀야 즐거운 대화를 이끌 수 있다는 점을 꼭 기억하자.

"칭찬은 부하 직원의 동기를 자극하는 가장 좋은 방법이며, 상사와 부하 직원 사이를 연결하는 매우 훌륭한 의사소통 방법이다. 사람은 누구나 칭찬받기 원한다. 상대방에게 관심을 가지면 그를 칭찬할 내용은 얼마든지 있기 마련이다."

세계적인 화장품 회사 메리케이의 대표 메리 케이 애시Mary Kay Ash의 말이다. 이 회사는 칭찬을 기업 문화로 정착시켰다. 이를 통해 작은 규모의 화장품 직판회사가 글로벌 기업으로 도약할 수 있었다.

소통의 윤활유 역할을 톡톡히 해내는 것이 칭찬이다. 특히 칭찬은 '갑'과 '을'의 수직 관계에서 비롯되는 긴장된 분위기를 완화하는 데 매우 효과적이다. 그런데 사람들은 대게 칭찬이 아부로 보일까 두려워하고 있다. 남의 비위를 맞추어 알랑거리는 것으로 오해받을까봐 그렇다. 하지만 아부에도 긍정적인 기능이 있음을 알아야 한다. 미국의 시인 랄프 왈도 에머슨Ralph Waldo Emerson은 말했다.

"아부를 싫어하는 사람은 없다. 아부란 자신의 비위를 다른 사람이 맞춰야 할 정도로 자기가 중요한 인물이라는 사실을 보여주기 때문이다."

본래 아부는 상대방을 세심히 관찰하고 여러 사람 앞에서 대놓고 칭찬하여 상대방의 가치를 높이는 행위다. 대상이 없는 자리에서 뒷이야기를 하는 사람은 있어도, 대상이 없는 자리에서 아부를 하는 사람은 없다. 따라서 대상과 친해지고 원만한 관계를 만들기 위해 기꺼이 아부도 할 수 있어야 한다. 또한 진심을 담은 아부는 곧 칭찬이나 다름없음을 기억하자.

칭찬을 잘하기 위해서는 먼저 대상에 대해 관심을 갖고 잘 관찰해야 한다. 단순히 보는 것에 그치지 말고 자세히 들여다봐야 한다. 그래야 비로소 진심을 담은 아부, 곧 칭찬이 나온다.

"언니 너무 예뻐졌어."

이런 말은 피상적인 칭찬이다. 듣는 사람에게 부담스럽고 잘 와 닿지 않는다. 대신 이렇게 해보자.

"언니 스카프가 너무 예쁘다. 어울리기 힘든 디자인인데 언니한 테는 정말 잘 어울린다."

이렇게 특정 부분을 지칭한 칭찬이 가슴에 와 닿는다.

이와 함께 칭찬을 잘하기 위해서는 상대방이 처한 상황을 고려 해야 한다. 취직 시험에 탈락한 이에게 "복이 많아 보이시네요"라 는 말은 오히려 반감을 불러일으킨다. 요즘은 SNS의 발달로 상대 방의 상황을 손쉽게 알 수 있다. 댓글을 달고 '좋아요'를 누르는 것 을 'SNS 아부'라고 부르는 신조어가 나올 정도로 상황에 따라 칭찬 을 하기가 용이해졌다.

마지막으로 칭찬을 잘하기 위해서는 구체적으로 표현해야 한 다. 말은 글과 달리 찰나의 순간에 전해진다. 정확하고 구체적으로 칭찬해야 상대방이 알아듣고 반응한다.

귀는 있지만 듣지는 않아

말보다 마음을
들어주는 사람

_ 그냥 듣는 것이 아닌 귀 기울여 듣기

    인간은 살아가면서 수많은 관계를 맺는다. 관계는 만남과 소통을 통해서 이루어지는데, 인간관계에서 오해가 생기는 가장 큰 이유는 의사소통이 제대로 되지 않고 있기 때문이다. 복잡한 문제일수록 머릿속으로만 생각하는 것보다 다른 사람에게 말로 풀어 놓는 게 좋다. 말을 하면서 자신의 문제가 무엇인지 정리할 수 있고, 어떻게 해결해야 할지 실마리를 찾을 수도 있다.

　　정신분석학의 입장에서 보면 자신의 감정이나 생각을 말로 표
현한다는 것은 무의식에 흐트러져 있는 여러 가지 욕망과 갈등을
언어라는 이차적 사고 과정으로 정리함을 의미한다. 누군가 나의
이야기를 잘 들어주면 그것만으로도 내 마음이 정리되고 평온해지
는 느낌을 받는 것은 바로 그 때문이다.

　　그러나 막상 해보면 남의 이야기를 잘 들어준다는 것이 결코 쉬
운 일이 아님을 알 수 있다. 어떻게 듣는 것이 잘 듣는 것일까? 과
연 우리는 상대의 말을 집중해서 듣고 그의 말을 진심으로 이해해
줄 수 있을까? 이와 관련된 재미있는 사례가 하나 있다.

　　한 정신과 병원에 의욕이 넘치는 젊은 의사가 취직했다. 그는 열
심히 환자의 이야기를 들으며 그의 문제를 이해하려고 최선을 다
했다. 그러다 보니 퇴근 시간만 되면 온몸이 파김치가 되었다. 하지
만 같은 병원에 근무하는 정년을 앞둔 의사는 퇴근 시간에도 늘 쌩
쌩한 모습이었다. 젊은 의사는 '역시 고수는 달라'하며 감탄했다.
그러던 어느 날 젊은 의사가 나이든 의사에게 물었다.

　　"선생님은 어쩌면 그렇게 쌩쌩하십니까?"

　　"자네, 그 이야기를 다 듣나?"

어찌 보면 정신과 의사들을 조롱하는 유머이지만 그 안에는 경청에 대해 생각해 볼 것들이 많다.

우선 그냥 듣는 것과 귀 기울여 듣는 것의 차이다. 나이든 의사는 환자의 이야기를 그냥 들었다. 소리는 고막을 통해 뇌로 전달되는데, 나이든 의사의 뇌에서는 소리에 대한 의미 파악 외에는 아무런 활동도 일어나지 않는다. 따라서 그의 에너지 소모는 미미했다. 반면 젊은 의사는 환자의 말을 다 듣고 이해하려고 노력했다. 그는 매 순간 집중해서 환자의 마음을 파악하고 공감하며 자신의 감정을 컨트롤해야 했다. 그리고 자신이 이해한 바를 환자에게 비춰 주는 복잡하고 능동적인 작업을 수행해야 했다. 그러다 보니 그의 뇌는 바쁘게 움직여 쉬이 지치게 되고, 자연히 상대방의 말을 공감하고 이해하는 능력도 저하될 수밖에 없었던 것이다.

누구도 다른 사람의 말을 100퍼센트 다 들을 수는 없다. 그러다가는 우리의 뇌가 금방 탈진해 버릴 것이다. 경청이란 모든 말을 다 듣는 것이 아니라, 다른 사람의 말을 주의 깊게 듣는 것을 말한다. 즉 상대방의 말에 들어 있는 마음을 이해하는 작업이다.

하루 종일 상사에게 시달리고, 프로젝트를 준비하느라 바쁜 하루를 보냈던 남편이 집에 들어오자마자 밥부터 찾는다. 아내 또한 회사에 새로 들어온 신입을 가르치느라 힘든 하루를 보냈다. 오늘은 배달시켜 먹자는 아내의 말에 남편은 그러자고 한다. 음식을 다 먹은 후, 아내는 바로 상을 치우는데 남편은 소파에 가서 눕는다. 아내는 도와달라고 말하지만 남편은 손 하나 까딱할 힘이 없다며 거절한다. 결국 혼자 정리한 아내는 남편에게 가서 오늘 무엇이 힘들었는지 묻는다. 남편은 프로젝트 준비하느라 바쁘고, 상사에게 치인 일을 이야기한다. 그 말이 끝나기 무섭게 아내는 신입이 일머리가 없어 가르치는 일이 힘들다고 토로한다. 거기에 나도 오늘 힘든 하루를 보냈는데, 왜 상은 나 혼자만 치워야 했느냐고, 같이 할 수는 없었느냐고 덧붙인다. 결국 둘은 말싸움을 하게 되고, 각방을 사용한다.

　여기서 문제는 무엇일까? 그건 바로 말을 귀로 듣기만 했을 뿐, 경청하지 않았기 때문이다. 만약 아내가 "프로젝트 준비하느라 많이 바쁘지? 진짜 힘들겠다. 직장 상사도 프로젝트 때문에 많이 예민한가봐. 오늘 하루 고생했어"라고 말하면서 남편의 힘듦에 공감해주고, 이해해주었다면 달랐을 것이다. 물론 남편도 아내의 힘든 일을 공감해주고, 상 정리한 것에 대해 고마움을 표시했다면 둘은 싸우지 않았을 것이다.

한 조사에 따르면 말로 이루어지는 의사소통의 75퍼센트가 무시되거나 오해되고, 그 즉시 잊힌다고 한다. 따라서 상대방과 제대로 의사소통하기 위해서는 경청이 필요하다. 경청은 많은 이들이 누누이 강조해왔다.

토크 쇼의 황제 래리 킹은 "훌륭한 화자가 되기 위해서는 먼저 훌륭한 청자가 되어야 한다. 상대의 말을 주의 깊게 들으면 더 잘 응대할 수 있고, 내가 말할 차례가 됐을 때 말을 더 잘할 수 있다"고 했으며,《성공하는 사람들의 7가지 습관》의 저자 스티븐 코비 Stephen Covey는 "성공하는 사람과 성공하지 못하는 사람의 차이는 경청하는 습관이다"라고 했다.

경영전문가 공병호는 "경청하지 못하는 사람은 십중팔구 공감하기 어렵다. 뿐만 아니라 경청하는 능력은 실수나 오해를 방지해주고, 인간 사이에 신뢰나 신용이라는 자산을 축적해준다"고 했다.

경청을 하면 대화에 적극적으로 응하게 된다. 말을 더 잘할 수 있으며, 저절로 소통이 잘된다. 경청은 성공하는 대화의 발판이 되고 신뢰와 신용을 선물해준다.

경청을 안 하면 어떻게 될까? 앞서 한 말을 뒤집으면 된다. 경청을 잘 하지 않으면 대화가 어긋나거나 상대의 말을 걸러서 받아들인다. 그래서 제대로 된 대화를 이어나가기 힘들며, 말을 잘못할 수도 있다. 그렇게 되면 의도치 않게 상대방에게 상처를 줄 수도 있고, 자신이 상처받을 수도 있다.

경청은 생각보다 쉽지 않다. 상대가 하는 말을 액면 그대로 받아들이기 위해서는 소극적으로 말을 안 하고 귀만 열어두는 데 그쳐서는 안 된다. 적극적인 태도가 요구된다. 경청을 잘하려면 어떻게 해야 하는지 알아보자.

① 몰입

사람이 생각하는 속도는 말하는 속도보다 네 배 빠르다. 생각하는 속도는 분당 400~500단어인데, 말하는 속도는 분당 100~150단어다. 따라서 아무 말도 하지 않고 있으면 두뇌에 에너지가 남아돈다. 이 에너지를 활용해 상대방의 말뿐 아니라 그 이면의 심리, 의도 등을 집중적으로 파악한다.

② 입장 전환

역지사지로 상대방의 입장에 서서 상대방이 말하는 바를 이해하도록 노력한다.

③ 수용

상대방의 말을 선입견을 갖고 판단하지 말고 그 자체 그대로 받아들인다.

④ 완전성

상대방의 감정과 심리를 완전히 이해하려고 노력하고 질문을 통해 철저하게 자신이 이해했는지 확인한다.

이 네 가지 요소를 갖췄을 때 비로소 적극적인 경청을 할 수 있다. 그리고 경청할수록 상대방과의 대화에 오해가 낄 염려가 없다.

누가 가장 호감이 갈까?

남들보다
'잘' 해야 한다는 생각

_ 완벽해 보이려고 노력하지 않기

보통 우리는 잘 보이고 싶을 때, 사소한 실수 하나라도 하면 안된다는 생각을 하곤 한다. 내가 짝사랑하는 사람 앞에서 조금이라도 실수를 했을 때, 집에 가서 '난 망했어! 나를 이제 좋게 보지 않으면 어떡하지? 왜 그렇게 말했을까!' 하고 이불을 걷어찬 적이 있을 것이다. 이 글을 읽다 보면 너무 완벽하기보다는 조금 허술한, 인간적인 면모를 보이는 사람을 더 좋아한다는 사실을 알게 된다.

미국의 사회심리학자 앨리엇 애런슨Elliot Aronson은 사람이 때때로 실수하는 것을 목격할 때 사람들은 그 사람을 더 매력적이라고 생각하는 경향이 있다고 설명했다. 그는 다음과 같은 실험을 진행했다. 애런슨은 피실험자들에게 줄거리가 비슷한 인터뷰 녹화 영상 4개를 각각 보여주었다.

첫 번째 비디오 매우 우수하고 성공한 사람. 그는 결점은커녕 인터뷰 내내 자연스러운 태도를 유지하고, 어휘도 고급스러웠으며, 자신감이 넘쳤음.

두 번째 비디오 매우 우수하고 성공한 사람. 수줍음 많은 행동을 보여주었으며, 긴장을 많이 한 것처럼 보임. 결국 앞에 있던 커피잔을 넘어뜨리는 실수를 범함.

세 번째 비디오 매우 평범한 사람. 특별할 것도 없고, 어떤 포인트도 없이 무난하게 인터뷰가 진행됨.

네 번째 비디오 매우 평범한 사람. 특별할 것 없이 인터뷰가 무난하게 진행되었으나, 인터뷰 도중 앞에 있는 커피 잔을 넘어뜨리는 실수를 범함.

애런슨은 피실험자들에게 어떤 사람이 가장 호감이 가는지에 대해 설문조사를 실시했다. 그 결과, 가장 많은 투표를 받은 사람은 뜻밖에도 두 번째 비디오에서 나왔던 커피 잔을 떨어뜨린 실수를 한 성공한 사람이었다. 더 놀라운 사실은 피실험자들의 95퍼센트가 그를 선택했다는 것이다.

이 실험에서 우리가 알 수 있는 사실은, 겉으로는 완벽해 보이는 사람이 보통 사람이 할 법한 실수를 한다는 사실에 사람들이 호감을 느끼고, 그를 더 친근하게 생각하며 믿을 만한 사람으로 생각하게 된다는 것이다.

이와 반대로, 너무나도 완벽해 보이는 사람에게서 어떠한 결점도 찾아볼 수 없다면 사람들은 거리감을 느끼게 된다. 보통 '허점 없는 사람은 없다'라고 생각하는데, 아무리 봐도 완벽해 보이는 사람이 보인다면 그 사람이 자신의 허점을 감추고 있다고 여기게 된다. 솔직하게 자신의 모습을 드러내지 못하고 꽁꽁 감추고 있는 사람에게는 거리를 두게 되는 것이다. 대화에서도 마찬가지로 자신의 약한 모습이나 결점이라고 생각하는 부분을 조금씩 드러내면서 상대방의 호감을 얻을 수 있다.

"어떻게 하면 고객의 마음을 열 수 있을까요?"

"소개팅에서 만난 사람에게 호감을 사고 싶은데, 어떻게 해야 하나요?"

이런 질문을 하는 이유는 상대방에게 완벽한 모습을 보여주고 싶은데, 그 방법을 몰라서다. 고객에게는 완벽한 세일즈맨처럼 물건에 대해서 잘 설명해주고, 고객의 마음을 얻어 판매하기 위한 방법이 궁금하고, 소개팅에서는 마음에 드는 사람을 만났을 때, 나는 괜찮고 완벽한 사람이므로 나랑 만나는 것이 당신에게도 좋을 것이다, 라는 것을 어필하고 싶기 때문이다. 하지만 완벽하고자 하는 강박 때문에 대화 상대와는 벽이 생긴다. 그래서 마음과 마음이 통하지 않아 진심 어린 대화가 이어지지 않는다.

상대방의 마음을 얻고 싶다면 지나치게 잘 보이려고 했던 자신을 내려놓으면 된다. 상대가 마음의 문을 열지 못하는 이유는 대화를 주도하는 사람이 빈틈이 없고 잘나 보이기 때문이다.

미국의 심리학자 캐시 애론슨 또한 사람들은 완벽한 사람보다 약간 빈틈이 있는 사람에게 호감을 갖는다고 말했다. 실수나 약점 등이 오히려 매력 지수를 높여준다는 것이다. 이를 가리켜 '실수 효과'라고 명명했는데, 이는 실험에서 입증되었다. 캐시 애론슨은 대학생들을 대상으로 퀴즈 게임을 진행했다. 그리고 그 결과에 대해 서로 어떻게 생각하는지 참가자들에게 호감도 점수를 매기도록 했다. 놀랍게도 퀴즈 게임에서 완벽하게 문제를 풀기보다는 제대로 풀지 못하거나 대답하는 과정에서 작은 실수를 한 학생이 더 높은 점수를 받은 것으로 나타났다.

일상에서도 '실수 효과'를 쉽게 찾아볼 수 있다. 일도 잘하고 상사와 잘 어울리며, 프로젝트 발표까지 잘하는 너무 완벽해 보이는 직장 동료에게 벽을 느끼고 있을 때, 다리가 꼬여 넘어진다거나 회의 중에 커피 잔을 엎는 등의 사소한 실수를 하게 되면 갑자기 그 사람이 친근하게 느껴진다. 완벽한 직장인이라고 생각했던 동료가 그래도 사람이었구나, 라고 느끼게 되는 것이다.

연예인들도 마찬가지다. 영화 <엑스맨> 시리즈에서 '미스틱' 역을 맡아 큰 인기를 끈 제니퍼 로렌스는 재능과 아름다운 외모뿐만 아니라 인간적인 매력으로도 유명한 할리우드 배우다. 그녀는 미국 아카데미 영화제와 골든 글로브 수상경력을 가지고 있으며, 타임지에서 가장 영향력 있는 인물 100명 중 한 명으로 선정되기도 했다.

이렇게 완벽해 보이는 그녀가 팬들의 관심을 모으게 된 이유는 때때로 보여지는 실수 때문이었다. 특히 로렌스는 레드 카펫에서 여러 번 넘어진 적이 있다. 2013년 아카데미상을 수상하기 위해 무대에 올라갈 때, 그녀는 자신의 드레스에 걸려 넘어졌다. 로렌스가 다시 일어나서 상을 받았을 때, 관객들은 기립 박수를 보냈다. 사람들 앞에서 로렌스는 농담조로 "넘어지는 걸 보고 안쓰러운 마음에 모두들 서 있지만 정말 창피하다. 하지만 감사하다"라고 말했다.

많은 연예인들이 인기를 얻는 곳은 예능 프로그램이다. 드라마나 영화에서는 조직의 보스이거나 큰 회사의 회장님 역할을 맡아 완벽해 보였던 배우들이 예능 프로그램에 나와 말실수를 하거나 우스꽝스러운 몸짓을 하는 것을 보면서 시청자들은 인간적인 면모를 느끼고 호감이 생긴다.

따라서 상대의 마음을 얻고자 한다면, 잘난 척하기보다는 솔직하게 자신의 약점이나 실수들을 보여주는 편이 낫다. 그래야 상대방이 스스럼없이 마음의 문을 연다.

당연히 무엇 하나 흠잡을 데 없어보이는 사람들도 있다. 공부면 공부, 외모면 외모, 집안이면 집안, 운동이면 운동, 모든 면에서 뛰어나 많은 사람들에게 부러움을 사는 사람이 있다. 하지만 이 사람들은 다른 사람들과 대화할 때 애로사항이 많다고 호소한다. 그래서 어떻게 해야 호감을 얻을 수 있는지 물어보면 인간적인 면모를 보여주면 된다고 말해준다.

누구에게든 완벽해 보이려는 마음을 조금 내려놓자. 사람은 완벽할 수 없으며, 오히려 실수하거나 약점을 보일 때 더 호감을 얻을 수 있다는 점을 기억하면 사람의 마음을 여는 일이 쉬울 것이다.

내 말대로 해!

A FEW MOMENTS LATER

상처받은 마음을
토닥여주기

_ 조언보다 중요한 공감하기

　가끔 내 일에 "이렇게 해라" "저렇게 해라"라고 명령조로 말하는 사람들을 만나곤 한다. 나는 그저 내 힘든 감정을 이해해주고 공감해주길 바랐을 뿐인데, 그들은 하나같이 해결책을 내놓지 못해 안달이다. 아무리 친한 사이라도 상대방이 겪고 있는 문제를 내가 나서서 결론지을 수는 없다. 그런데도 우리는 종종 타인의 일을 내 일처럼 여기고 지나치게 관여하려 든다. 상대방의 일에 너무 깊이 개입해서 결론을 내리는 것은 위험하다. 상대에게 도움이 되고자 하는 선의라 할지라도 정도를 넘어선다면 상대방에게 불쾌감을 줄 뿐이다. 안타까운 마음이 큰 사안일수록 내 주장만 강요하는 말투는 관계를 해칠 수 있다.

연애 상담이야말로 이런 일이 일어나는 대표적인 상황이다. 연애 상담을 해주다 친구와 싸우게 된 대훈 씨의 이야기를 들어보자.

대훈 씨는 여자 친구와 싸우고 슬퍼하는 친구에게 다음과 같이 말했다가 큰 원망을 들었다.

"야, 절대 연락하지 마. 무조건 걔가 먼저 연락하게 돼 있어. 네가 먼저 하면 지는 거야."

대훈 씨의 강한 주장으로 화해할 타이밍을 놓쳐버린 친구는 여자 친구와의 사이가 더 나빠졌다. 이별 이야기까지 들은 친구는 대훈 씨의 말만 듣고 연락을 하지 않은 것이 이유였다며, 그를 원망했다. 이처럼 함부로 속단하고 상대방의 의견보다도 내 주장이 옳다는 식으로 밀고 나간다면 그 결과는 안 좋을 수밖에 없다.

"아, 그게 잘되면 내 손에 장을 지진다."

"그 이야기가 맞으면 내가 네 아들이다."

"내기할래? 다 걸고 말하는데 그건 아니야."

선의에서 비롯된 말이라 하더라도 내 주장만 밀고 나간다면 그것은 더 이상 조언이 아니다. 상대방에게 내 말을 '강요'하는 것이 된다. 그렇게 되면 상대에게 불쾌감을 주고, 상대는 내 주장을 부정하는 일이 생길 수 있다. 결국 서로 상처만 받고 그 대화는 끝난다. 모든 상황에 정답이 있는 것은 아니다. 각자의 생각과 가치관은 다르며, 상대가 처한 상황을 완전히 이해할 수는 없으므로 나의 주장이 100퍼센트 맞을 것이라고 확신해서는 안 된다.

연애 상담 못지않게 서로 가정이나 육아에 관련된 이야기도 갈등을 불러일으키기 쉽다. 가장 흔하게 벌어지는 일이, 과거의 육아 방식을 고집하는 시어머니와 자신이 직접 공부한 방식대로 키우려는 며느리와의 갈등이다. "우리 때는 말이야…"라고 시어머니가 운을 떼면 며느리는 귀를 막고 싶어한다. '내' 아이지, 시어머니의 아이가 아니라고 말하고 싶지만 그렇게 하면 건방지고 예의 없는 며느리가 될 뿐이라 참는다. 이 또한 시어머니가 자신의 주장만을 옳다고 여기며, 며느리의 이야기는 들으려고 하지 않고 본인의 방식을 강요하는 것이다.

물론 육아 이야기는 고부 갈등에서 그치지 않고 친구 사이로까지 퍼진다. 친구에게 육아 조언을 해주려다 선을 넘은 은주 씨의 이야기를 들어보자. 은주 씨의 아이는 초등학교 6학년, 친구인 진영 씨의 아이는 초등학교 4학년이다. 2년 먼저 아이를 키운 은주 씨는 진영 씨에게 사교육에 대해 조언을 해주었다.

"4학년 때는 논술학원 꼭 보내. 그 나이에 논술 안 잡으면 큰일 나. 너는 성적에도 필요 없는 예체능 시킬 시간이 어딨니? 논술 시켜, 논술."

은주 씨는 진영 씨 아이의 상황은 고려하지 않고 자기 생각이 정답인 것처럼 계속 강조했다. 자신이 경험하고 선택했던 것을 상대방도 반드시 따라야 한다고 주장하다 보니 진영 씨가 하고 있는 예체능 교육은 필요 없다고 폄하한 것이다. 하지만 며칠 뒤 진영 씨는 은주 씨에게 전화를 해서 자신은 아이의 흥미와 재능 등 여러 가지를 고려해 논술보다는 예체능에 집중하기로 했다고 이야기했다.

"너처럼 논술 안 시킨다고 무조건 성적에 관심 없는 부모인 것처럼 이야기하는 건 조심해줬으면 좋겠다. 우리 부부는 충분히 아이를 위해 결정한 거야. 각자 선택과 기준이 다른 거잖아?"

베스트셀러 중 《아프니까 청춘이다》 도서가 뜨면서 이 제목은 이 시대의 청년을 상징하는 유행어가 되었다. 20대 청년들이 아파하고 힘들어할 때마다 "아프니까 청춘이야"라는 말을 당연하다는 듯이 한다. 하지만 막상 듣는 청년들은 자신의 아픔과 힘듦을 공감해주지 않고, 알아주지 못하는 것 같아 괴롭다. 청년들이 아무리 노력한다고 하더라도 "젊어서 가능한 거야"라는 말을 들으면 서운하다.

내가 하는 말이 상대방에게는 강요로 들리지는 않는지 한 번쯤 생각해봐야 한다. 만약 내가 상대방과 같은 상황일 때, 이런 말을 듣는다면 기분이 어떨지 생각해보면 그 말이 강요로 들릴지 아닐지 구분하기가 쉽다. 무엇보다도 상대방은 나의 조언이나 충고를 듣고 싶어하는 것이 아니라 '공감'과 '이해'를 바란다는 점을 잊어서는 안 된다. 그리고 상대방의 상황을 자신이 100퍼센트 알 수 없으므로 선입견에 기인한 나의 섣부른 주장이 상대방에게 상처가 될 수도 있음을 기억하자.

칭찬해주세요

내가 가장 듣고 싶었던 말, "잘했어"

_ 타인이 아닌 나에게 인정받기

어릴 때부터 사람은 '인정 욕구'를 가지고 있어서 부모 또는 친구에게 인정받고 싶어한다. 학창 시절, 공부를 열심히 하는 이유도 부모에게 칭찬받기 위해서이며, PC방에 가서 게임을 열심히 하는 것도 친구들에게 인정받기 위해서다. 연애중이라면 기념일에 이벤트를 준비하는 일도 상대방에게 "고마워"라는 말을 듣고 싶어서라고 할 수 있다. 인정 욕구를 가장 크게 채워주는 것이 바로 '칭찬'이

다. 칭찬은 듣는 사람과 하는 사람 모두에게 긍정적인 효과를 가져
온다.

대한민국에 칭찬 열풍을 불러일으키며 지금까지도 '칭찬 기술'
의 오리지널 교과서로 불리는 밀리언셀러,《칭찬은 고래도 춤추게
한다》를 보면, 3톤이나 되는 범고래와 멋진 쇼를 연출하기 위한 최
고의 훈련법으로 칭찬을 사용하는 것을 알 수 있다. 범고래는 연습
하는 과정에서 실수를 많이 한다. 이때 실수에 집중해서 질책하지
말고, 잘한 점에 초점을 맞추어 격려와 칭찬을 하라고 한다. 이렇게
함으로써 범고래와 조련사는 긍정적인 관계를 맺을 수 있으며, 범
고래는 최상의 쇼를 선보이게 된다고 한다.

칭찬은 특히 사람에게 즉각적이면서도 강력한 효과를 낸다. 한
대학의 평생교육원에서 내가 맡은 강의에는 나이가 지긋한 어르신
들이 많이 참석하신다. 평균 나이가 69.7세다. 자칫 분위기가 가라
앉으면 좋은 강의를 진행하지 못할 수 있다. 이때 적절하게 사용하
는 것이 칭찬이다.

"어르신 젊어 보이세요."

"피부가 어쩜 이렇게 좋으세요."

이에 대한 반응이 금방 나온다. 어르신들도 기분이 좋아져서 서로 대화를 나누고 농담을 하면서, 더 적극적으로 강의에 참가한다. 강의실에 화기애애한 분위기가 가득 차게 된다.

칭찬을 할 때 신체의 특정 부분을 지칭하면 더욱 효과가 높다. "눈썹이 짙으시네요" "피부가 아기 같아요" "요가 선생님처럼 몸매가 좋으시네요" 이와 함께 상대방의 넥타이, 셔츠, 안경, 구두 등 복장을 가리키면서 칭찬을 하면 더욱 좋다.

칭찬은 누구나 쉽게 할 수 있다고 생각할지 모른다. 하지만 막상 칭찬을 하려고 해도 말이 잘 나오지 않는 상황이 번번이 발생한다. 가령, 엘리베이터에서 아기를 안고 있는 이웃 주부를 만났다고 하자. 그래서 아기를 지칭하면서 칭찬을 하려고 했다. 그런데 포대기에 싸인 아기는 태어난 지 얼마 안 되어서 특별히 예쁘게 보이는 구석이 없다. 심지어 아기가 남자아기인지 여자아기인지도 구별이 잘 안 된다. 그렇게 되면 입 밖으로 칭찬이 나오려야 나올 수 없다. 이런 일은 비일비재하다. 그렇다고 아예 모르는 사람도 아니라 칭찬을 안 할 수도 없다면 어떻게 해야 할까. 이때 필요한 것이 '칭찬 습관'이다. 어떤 상황에서도 말을 더듬거나 멋쩍게 웃음으로 무마할 일 없도록 칭찬을 습관화하면 좋다.

상대방의 좋은 점을 이야기했을 때 기분 나빠할 사람은 없다. 오히려 상대의 기분을 좋게 하고, 칭찬한 사람에게 호감을 가지게 한다. 하지만 많은 사람들이 칭찬에 인색한 경향이 있다.

"칭찬할 게 없는데, 억지로 할 수는 없잖아요."
"마음에도 없는 말로 아부하고 싶지 않아요."
"그걸 꼭 말로 해야 하나요? 그냥 마음으로 느끼는 거죠."

이런 말들로 칭찬하지 않는 걸 합리화한다. 칭찬하는 것에 익숙하지 않고, 어떻게 좋은 점을 발견하고 이야기해야 하는지 그 방법을 모르기 때문에 그렇다. 또한 상대방을 칭찬하는 일이 자신에게도 좋은 일인지 확신이 없으며, 상대방만 좋게 해주는 느낌이어서 부정적으로 보는 점도 있다. 하지만 대부분의 사람들은 누군가 나를 칭찬해주면, 그것을 상대방에게도 돌려주고 싶어한다. 즉 내가 상대방을 칭찬하면 상대방도 나의 좋은 점을 말해줄 확률이 높다는 뜻이다.

그렇다고 아무런 준비 없이 칭찬을 하면 안 된다. 상대의 장점을 구체적으로 찾아내어, 진심으로 해야만 좋은 호응을 얻을 수 있다.

두루뭉술하게 한다면 상대에게서 아무런 반응도 얻을 수 없다. 그저 막연히 "너 오늘 예쁘다"라고 말하기보다는 "오늘 입은 옷이 너한테 정말 잘 어울린다. 훨씬 예뻐"라고 구체적으로 칭찬하는 것이 좋다.

칭찬의 힘은 아이에게 했을 때 가장 잘 드러난다. 아이에게 잘하는 일을 칭찬해서 성취감을 느끼게 하면, 아이의 잠재력을 극대화시킬 수도 있다. 예를 들어 한 아이가 열심히 공부한 결과 좋은 성적을 냈을 경우, 반 아이들이 다 듣는 데서 교사가 아이에게 잘했다고 칭찬받는다면 아이는 성취감을 느끼고 이후에 더 열심히 공부할 것이다. 반대로 단어 시험에서 100점을 받았는데도 칭찬 한 마디 듣지 못한다면, 아이는 더 이상 단어 시험을 열심히 공부하지 않을 것이다. 그렇다고 계속 좋은 점을 찾아 이야기하라는 뜻은 아니다. 칭찬에 익숙해진 아이는 그것만을 좇아 행동하게 변한다. 즉 아이는 자신이 잘했는지 못했는지를 스스로 판단하는 것이 아니라 칭찬을 받느냐 못 받느냐에 따라 결정한다. 결국 외부의 평가에 집착하게 되면 자연스럽게 자존감이 낮아지고 자아가 불안정해진다.

무분별한 칭찬의 부작용을 연구한 사람이 있다. 사회심리학자 에론슨과 린다는 미네소타대학교의 여학생 80명을 대상으로 실험

했다. 총 4회에 걸쳐 남이 자신에 대해 이야기하는 것을 듣게 했다. 그러고 나서 그 말을 한 사람에 대한 호감도를 평가하도록 했다.

1회차에는 "교양 있고 말솜씨가 세련되며, 호감형 인상이다"라는 말로 계속 칭찬했다. 2회차에는 "무식하고 말투가 어눌하며, 인상이 비호감이다"라는 식으로 계속 비난을 했다. 3회차에는 "무식하고 말투가 어눌하지만, 호감형 인상이다"라고 비난으로 시작해 칭찬으로 마무리했다. 4회차에는 "교양 있고 말솜씨가 세련되지만, 비호감형 인상이다"라며 칭찬으로 시작해 비난으로 마무리했다. 어떤 결과가 나왔을까?

칭찬만 연달아 한 1회차가 제일 호감도가 높을 것 같지만 그렇지 않았다. 제일 호감도가 높은 건 부정적인 평가로 시작해서 긍정적인 칭찬으로 마무리한 3회차이다. 이와 관련해 에론슨과 린다는 다음과 같이 말한다.

"칭찬이 계속 반복되면, 식상해지고 또 신빙성이 떨어질 뿐만 아니라 칭찬의 진정성까지 의심을 받습니다. 이렇게 되면 칭찬의 본래 의미가 퇴색해 인사치레의 빈말이나 아부로 오해받을 수 있죠."

　그리고 칭찬을 하다가 비난을 하면, 계속 칭찬받을 거라는 기대 심리가 어긋나며 기분이 나빠진다. 이와 달리 비난하다가 칭찬으로 마무리하면 칭찬 효과가 극대화된다. 그 이유는 앞서 말한 최신 효과, 즉 나중에 제시된 정보를 더 잘 기억하는 현상 때문이다.

　칭찬에 있어서 최신 효과는 활용 가치가 높다. 선생님이 학생을 칭찬할 때도, 처음엔 꾸중으로 시작해 칭찬으로 마무리하는 게 좋다. 그러면 학생은 꾸중을 맞은 일보다 마지막에 칭찬받은 것을 더 잘 기억하며, 선생님에게 호감을 갖는다. 심지어 칭찬만 해준 선생님보다 더 호감을 갖게 될 수도 있다.

　부모와 아이의 관계도 마찬가지다. 아이의 정서 발달을 위한다면서 오로지 칭찬만 해서는 곤란하다. 아이의 잘못된 점은 반드시 바로잡아줄 필요가 있다. 단, 그런 후에는 반드시 칭찬으로 마무리하자. 직장 상사도 마찬가지다. 늘 지적질만 하거나 형식적인 칭찬만 남발하는 건 서로에게 득이 될 게 없다. 문제를 지적하되, 잘한 일을 찾아 칭찬으로 마무리하자.

3장

살면서
온기가 필요한
순간은 온다

부모가 아이에게 말할 때

실수로
잘못 말하면 어떡하지?

_ 말하기도 연습이 필요하다

사람의 말하기 능력은 대부분 어릴 때 결정된다. 그렇다고 어머니 뱃속에서 말하기 능력을 갖고 태어나는 것은 아니다. 어릴 때 부모에게서 어떤 영향을 받았는지가 중요하다.

가끔 아이들이 어디에서 배웠는지 모를 단어를 말하곤 한다. 그러면 부모는 깜짝 놀라며 어디서 그런 말을 배웠느냐고 묻는다. 아이는 대답없이 그저 방긋 웃는다. 알고 보면 부모한테 배웠을 수도 있고, 어린이집에서 같이 지내는 친구가 쓰던 말을 따라했을 수도 있다.

이처럼 말하기에서 가장 중요한 '언어'는 가장 가까운 부모에게서 많이 배운다. 특히 코로나19로 마스크로 입을 가리고 다니는 현재, 아이들이 가장 많이 언어를 배우는 곳은 바로 집이다. 이렇게 어린 시절부터 부모에게서 배우고 겪은 언어들이 모여 지금의 말하기 능력이 생겼다고 할 수 있다.

말을 잘하는 사람은 부모에게서 좋은 영향을 받았다고 볼 수 있다. 아이에게 좋은 영향을 주는 부모는 모범적으로 말하는 것이 생활화되어있다. 또한 아이가 자기의 의사를 또박또박 전달할 수 있도록 지지해주고, 정확하고 다양하게 표현할 수 있도록 배려하면서 가르친다.

"말을 할 때는 상대방의 눈을 보고 말해야 돼."

"말을 할 때는 항상 상대방의 입장을 고려해야 돼."

"너무 빨리 말하면 상대방이 잘 알아듣지 못해. 그러니까 천천히 말하렴."

　이에 반해 아이에게 안 좋은 영향을 주는 부모는 자신부터가 말을 잘 못한다. 다다다다 쏘아붙이거나, 상대방에게 함부로 반말을 하고, 정확하게 표현하지 못한다. 이와 함께 아이들에게 늘 이런 말을 한다.

　"넌 왜 항상 말꼬리를 흐리는 거야."
　"네 말은 들을 필요가 없어."
　"정말로 넌 말주변이 없어."

　이런 경우에는 어릴 때 뿌리내린 안좋은 말하기가 사회 활동을 하는 데 걸림돌로 작용하게 된다. 이런 이들에게 강조하는 것이 있다. 태어날 때부터 말 잘하는 사람은 없다는 사실이다. 자라면서 가정환경에 따라 말하기 능력이 결정된다는 설명도 덧붙인다. 그러면서 말을 잘 못하는 것은 나쁜 습관에 원인이 있으므로 이 습관을 버리는 것이 대책이라고 알려준다.

　많은 사람들이 '말하기'를 연습해야 한다고 말한다. 그렇다면 말하기 능력을 키우면 무엇이 좋을까? 다음 이야기를 통해 말하기를 연습해야 하는 이유를 알아보자.

IT 황제이자 세계적인 프레젠터인 스티브 잡스는 하루아침에 말을 잘하게 된 것이 아니다. 그는 끊임없는 연습을 통해 프레젠테이션을 최고 수준으로 만드는 데 주저하지 않았다. 카마인 갈로 Carmine Gallo는 자신의 저서 <스티브 잡스 프레젠테이션의 비밀>에서 이렇게 말한다.

"스티브 잡스는 무대 위에서 빈틈없는 연기를 선보이는 최고의 배우다. 그의 모든 동작과 시연, 이미지, 슬라이드는 완벽한 조화를 이룬다. 무대 위에 선 잡스의 모습은 너무나 편하고 자신감 넘치며, 자연스러워 보인다. 청중이 보기에는 그가 대단히 쉽게 프레젠테이션 하는 것처럼 보인다. 사실 거기에는 비밀이 있다. 잡스는 몇 시간씩, 아니 며칠씩 프레젠테이션을 연습한다."

이렇게 해서 그는 뛰어난 프레젠터로 거듭났으며, 전 세계인의 가슴에 애플사 브랜드를 깊이 각인시키는 데 성공했다. 이와 함께, 애플사는 세계 최고 IT 기업으로 발돋움할 수 있었다. 지금의 애플을 만드는 데, 그의 프레젠테이션이 필수 불가결한 요소임에 틀림없다.

또한 2004년 미국 민주당 전당대회에서 무명 정치인을 일약 스타로 등극시킨 연설이 있다.

"진보적인 미국도, 보수적인 미국도 없습니다. 오직 '미합중국'만이 있을 뿐입니다. 흑인을 위한, 백인을 위한, 히스패닉을 위한, 아시아인을 위한 미국도 없습니다. 오직 '미합중국'만이 있을 뿐입니다. 우리는 하나의 국민입니다."

이 연설을 한 사람은 버락 오바마로, 민주당 존 케리John Kerry 후보의 자원 연설에 나선 상태였다. 그의 연설은 미국 전체를 들썩이게 했고, 그는 대통령 후보의 자리까지 도약할 수 있었다.

본래 그의 삶에서 말은 큰 비중을 차지하지 않았다. 그런 그가 학생 시절 옥시덴탈 대학에서 우연히 '누군가 투쟁하고 있습니다'라는 1분 연설을 하게 되었다. 그의 연설은 다른 학생들에게 큰 감동을 주었고, 젊은 오바마는 이를 계기로 학교의 스타가 되었다. 이로부터 그는 말하기에 관심을 갖고 매일같이 연습을 거듭했다. 이러한 노력 끝에 최고의 연설가로 탈바꿈한 그는 2008년 미국 대통령에 취임할 수 있었다.

　말하기 능력을 키우는 데 가장 좋은 것은 '독서'다. '입' 하나로 10억 달러의 미디어 제국을 건설한 오프라 윈프리도 독서를 즐겨 했다고 한다. 그녀는 토크쇼에서 반드시 자신이 읽은 책만을 소개 했으며, 소개된 책들은 대부분 베스트셀러가 되었다. 미국 최고 토크쇼인 <오프라 윈프리 쇼the Oprah Winfrey Show>는 시청자가 2,200만 명에 달할 뿐만 아니라, 전 세계 140여 개국에 방영되었 다. 무려 20년 넘게 낮 시간대 TV 토크쇼 시청률 1위를 고수했다. 게다가 오프라 윈프리는 17세에 화재 예방 미인 대회에서 수상했 는데, 그 이유도 재치 있는 말하기 능력 때문이었다.

　이러한 발군의 말하기 능력은 타고난 것일까? 그렇지 않다. 그 녀는 어릴 때 외할머니로부터 성경 암송 교육을 받았다. 이를 통해 꼬마 설교사라는 별명이 붙을 정도로 뛰어난 화술을 자랑하게 되 었다. 오프라 윈프리는 말이 바뀌면서 인생이 달라졌다. 그녀는 공 감하는 언변으로 세계적인 여성 리더가 될 수 있었다. 또한 수많은 독서로 얻은 해박한 인문학적 소양은 사회 각계의 전문가와 막힘 없이 대화할 수 있도록 해주었다. 정치, 경제, 문화, 역사, 예술 등 다방면에 걸쳐 습득한 지식이 그녀의 말을 풍요롭게 만들었다. 그 러면서도 그녀는 아는 척 자신을 내세우지 않는다.

　인생에서 가장 중요한 건 '생각'이라고 말한다. 생각이 바뀌면 행동도 달라지고, 그러면서 인생이 바뀐다는 것이다. 하지만 많은 사람들이 생각과 행동 못지않게 '말'도 중요하다는 사실을 간과한다. 인간에게 있어서 가장 중요한 능력은 자기표현이다. 혹시 생각과 행동은 중요하게 생각하면서 '말'은 형식적인 것이라고 생각하지 않았는가? 그러면서 말에 대한 관심과 연습은 게을리하지 않았는지 생각해보자.

　말하기에서만큼은 누구나 출발점이 똑같다. 먼저 앞서 나간 사람이 있고, 뒤처지는 사람이 있다. 하지만 노력해서 낡은 습관을 버리면 순위가 뒤바뀐다는 것을 잊지 말자.

벗어날 수 없는 사람지옥

무슨 말인지
모르겠어

_ 이해가 안 될 때는 질문해라

대화를 하더라도 서로 생각하는 바가 다르거나 이해를 잘못해서 상대방의 말을 오해하게 되는 경우가 있다. 만약 대화하는 순간에 생긴 오해를 바로잡지 않으면 나중에는 더 큰 상처를 받을 수 있다. 상대의 말을 오해하지 않기 위해서는 자신이 이해한 것이 맞는지 확인하는 질문을 하면 좋다. 다만 상대에게 질문을 했는데 답을 하지 않고 짜증이나 화를 내는 경우도 있다. 그럴 때는 어떻게 해야 할까? 질문도 좋은 질문과 나쁜 질문이 있다. 어떤 질문이 좋은 질문이고 어떤 질문이 나쁜 질문인지 알아보자.

인간은 사회적 존재이기에 타인과 더불어 살아갈 수밖에 없다. 산속에 들어가서 모든 사람과 연을 끊고 산다고 해도 어느 순간 TV 프로그램 <나는 자연인이다>에서 찾아와 다시 사람과 대화해야 할 수도 있다. 더불어 살아가면서 상처받지 않으려면 타인을 이해해야 한다. "나를 알고 상대를 알면 백 번 싸워도 위태롭지 않다"는 말처럼 타인을 알아야 그가 하는 말이 내게 상처가 되지 않게 마음을 단단히 먹을 수 있다.

우리는 상대를 이해하고 소통하기 위해 이해가 되지 않거나 궁금한 점을 물어봐야 한다. 질문은 내 마음을 안전하게 보호하기 위해 필요하다. 그런데 질문이 효과가 있어 대화가 잘 진행되는 경우도 있지만 역효과로 대화가 끊기는 경우도 있다. 누구를 위한 질문인가, 질문 형식이 어떠한가, 어떤 마음으로 하는 질문인가에 따라 효과와 대화의 질이 달라진다. 질문이 소통에 도움이 되고 효과적이려면 내가 하려는 질문을 상대가 어떻게 받아들일지 미리 생각해야 한다. 상대와 의사소통하는 데 도움이 되지 않는 그저 당장 나의 궁금함을 풀기 위한 '자기중심적 질문'은 거의 대부분 상대의 불쾌함과 저항을 불러일으킨다. 그렇게 되면 상대는 자신이 느낀 바를 나에게 표출할 것이고, 결국 서로 상처받으면서 끝난다. 따라서 단순히 내가 궁금해서 물어보는 태도는 바람직하지 않다.

예를 들어, 친구가 내게 고민을 털어놓는다고 하자. 친구는 최근에 자신을 좋아한다고 말한 사람이 있는데, 어떻게 해야 할지 모르겠다고 말했다. 이때 내가 "그 사람 어떤 사람이야? 키는 크니? 직업은? 돈은 잘 벌어?"라고 묻는다면 어떨까. 단순히 친구를 좋아한다는 사람이 어떤 사람인지 내 궁금증을 해소하기 위해 한 질문에 친구는 분명 불쾌할 것이다. 그래서 아무 말하지 않거나 "그게 왜 궁금한데?"라고 날카롭게 대답할 수도 있다.

반대로 '자기중심적 질문'이 아닌 '타인 중심적 질문'을 하게 된다면 다를 수 있다. 앞서 말한 친구의 고민에 "그 사람 어떤 사람이야? 너한테 잘해주니? 널 많이 아껴주고 사랑해주니? 너는 그 사람을 어떻게 생각하니?"라고 묻는다면 아까와 다른 반응이 나올 것이다. 상대방이 자신한테 어떻게 해주는지 말해주고, 자신은 상대방에게 호감이 있다고 대답한다면 한 번 만나보라고 말해줌으로써 대화는 무난하게 흘러간다. 친구는 이야기를 잘 들어주어서 고맙다고 말하며 기뻐할지도 모른다.

이처럼 질문은 '열린 질문'(개방형 질문, open question)과 '닫힌 질문'(폐쇄형 질문, closed question)으로 나눌 수 있다. 열린 질문은 대화 상대가 자유롭게 대답함으로써 상대가 자신의 상황과 심리에 대해 구체적으로 탐색하고 더 상세한 답변을 할 수 있도록 돕는 질문이다. 열린 질문은 대체로 육하원칙(누가, 언제, 어디서, 무엇을, 어떻게, 왜)을 사용한다. 닫힌 질문은 상대에게 "예" "아니요" 또는 짧은 사실적 답변을 하게 하여 정보를 한정하는 질문이다.

질문을 사용할 때 주의해야 할 점은, 따지거나 캐내려는 것처럼 들리지 않도록 부드러운 목소리로 천천히 말해야 한다는 것이다. 또한 상대가 가장 에너지를 쏟고 있는 주제에 대해 짧고 쉬운 형태로 질문해야 하며, 같은 종류의 열린 질문을 반복적으로 사용하기보다는 상대를 이해하고 있다는 공감 반응과 함께 사용해야 한다.

첫째, 상대에게 더 많은 이야기를 할 수 있는 기회를 준다. 특히 대화를 시작할 때 도움이 된다.

- "어떻게 지냈어요?"
- "언제 만날까요?"

둘째, 상대가 특정한 문제를 구체적으로 탐색할 수 있도록 도움을 줄 수 있다.

- "그 일이 일어났을 때 기분이 어땠나요?"

셋째, 상대가 말하고 있는 것을 내가 더 잘 이해할 수 있게 한다.

- "그 사람과 가깝게 지내고 싶지 않다고 했는데, 그게 무슨 뜻이지요?"

넷째, 상대가 자신의 느낌과 생각에 주의를 기울이게 해준다.

- "지금 그렇게 말하면서 어떤 감정을 느끼시나요?"
- "그것에 관해 어떻게 생각하세요?"

이처럼 열린 질문은 상대로 하여금 자신의 마음을 솔직하게 표현할 수 있도록 이끈다. 이렇게 대화를 하다 보면 서로 좋은 마음으로 대화를 끝낼 수 있다.

세상에서 제일 어려운 말

"미안해"라는 말이
이렇게 힘들 줄이야

_ 사과에도 잘 먹히는 공식이 있다

한 마디 사과만 건넸더라면 좋게 풀렸을 일을, "미안해" "죄송합니다"라는 말이 입 밖으로 나오지 않아 일이 더 심각해진 적을 겪어본 사람이 있을 것이다.

대부분의 사람들이 사과를 어려워한다. 왜냐하면 상대방에게 자신의 잘못을 인정하고 고백하는 일이기 때문이다. 쉽게 말하면 '자존심'에 상처를 입는다. 사람의 본능 중에는 자신을 높이려고 하는 본능이 있기 때문에 더욱 쉽지 않다. 먼저 사과해야 한다고 말하면 비슷한 반응이 나온다.

"왜 먼저 사과를 해요? 먼저 사과하면 지는 거잖아요."
"그냥 흐지부지 넘어가면 되죠. 그걸 굳이 들춰낼 필요가 있나요."

잘못을 인정하고 사과한다는 '불편한 상황'을 어떻게든 자신이 상처받지 않는 방향으로 어물쩡 넘겨버리고 싶기 때문에 이런 생각이 들게 된다. 하지만 관계를 맺고 살아가다 보면 의도치 않은 실수로 사과해야 할 일이 더러 생긴다. 그런데 상당수의 사람들이 사과하는 걸 소홀히 여긴다. 사과를 제대로 하지 않은 경우 결과는 불보듯 뻔하다. 갈등이 심화되어 상황이 더 나빠진다.

사람이 많은 지하철을 이용하다 보면 상대방이 내 어깨를 치고 가거나 내가 상대방을 치고 지나가는 경우가 발생한다. 어깨의 아픔과 마음속에 짜증이 치밀어 오를 때, 상대방이 "죄송합니다" 하고 사과를 한다면 마음은 금세 가라앉는다. 아침 출근길에 발생한 잠깐의 해프닝으로 끝나게 된다. 하지만 상대방이 사과하지 않고 그냥 지나쳐간다면 마음속 짜증은 상대방을 향한 원망으로 바뀐다. '어떻게 사과 한 마디도 안하지? 진짜 무례하네'라고 생각하면서 마음속 화는 가라앉지 않는다.

반대의 상황도 마찬가지다. 내가 상대방의 어깨를 쳤을 경우, 바로 사과한다면 그 자리에서 끝나는 해프닝이 되었을 것이다. 하지만 내가 사과하지 않고 그냥 지나친다면, '그때 사과했어야 했는데…' '내가 왜 그때 사과를 안했지?'라고 생각하며 자책한다. 즉 사과한다는 것은 잘못을 인정함으로써 내 마음이 편안해지는 일이라고 할 수 있다.

그렇다고 해서 내 마음 편안하고자 사과를 남용해서는 안 된다. 앞서 대화를 잘하는 사람은 말을 잘하는 것이 아니라 '마음'이 담긴 말을 한다고 말했던 것처럼 사과도 마찬가지다. 지하철에서 어깨를 치는 경우에도 일부러가 아니라 사람이 많아 의도치 않게 발생했으므로, 사과하는 짧은 순간 내 실수에 대해 미안한 마음이 조금이라도 드러난다. 논란을 불러일으킨 연예인이 사과할 때도 이를 지켜보는 사람들은 연예인이 정말 진정성 있게 사과하는지, 혹은 이 상황을 빠르게 넘기기 위해 형식적으로 사과하는지 지켜본다. 이처럼 사과도 마음을 담아서 하는 것이 중요하다.

그렇다면 어떤 말로 사과를 해야 효과적일까? 이에 대해서는 미국 오하이오 주립대학 경영학과 로이 르위키 교수의 연구 결과를 참고할 수 있다. 그는 피험자 755명을 대상으로 실험한 결과 사과문에는 다음 여섯 가지 요소가 필요함을 밝혀냈다. 이 여섯 가지를 많이 포함할수록 상대가 용서할 확률이 높게 나왔다.

① 후회 표시
② 무엇이 잘못이었는지에 대한 설명
③ 책임에 대한 인정
④ 재발 방지 약속
⑤ 보상 또는 보완책 제시
⑥ 용서 구함

이 가운데 가장 큰 효과를 보이는 건 3번 '책임에 대한 인정'이다. 왜냐하면 많은 사람들이 잘못을 진정성 있게 시인하는 것을 가장 중요하게 여기기 때문이다. 두 번째로 높은 효과를 보이는 건 5번으로, 말로 끝나는 사과 대신 실질적인 보상책을 마련해주길 바라기 때문이다. 세 번째로는 1번, 2번, 4번이 뽑혔다. 가장 낮은 효과를 내는 건 6번이었으며 '용서해달라'는 말은 구차함을 내포해 그다지 효과가 없었다.

만약 남에게 피해를 줬다면 명확하게 사과해야 한다. 이때 다음과 같은 말로 사과를 한다면 효과적이다.

"전적으로 제 책임입니다. 입이 열 개라도 할 말이 없습니다."

→ ③ **책임에 대한 인정**

"경제적인 피해뿐만 아니라 정신적 피해까지 신경 써서 꼭 보상해드리겠습니다."

→ ⑤ **보상 또는 보완책 제시**

"저의 행동을 진심으로 후회하고 있습니다."

→ ① **후회 표시**

"이런 일이 생기게 된 상황을 사실대로 말씀드리겠습니다."

→ ② **무엇이 잘못되었는지에 대한 설명**

"앞으로는 절대 이런 일이 다시 일어나지 않도록 조심하겠습니다."

→ ④ **재발 방지 약속**

"제발 이번만 용서해주십시오."

→ ⑥ **용서 구함**

　우리는 누구나 실수를 하고 잘못을 저지른다. 중요한 건 그 후에 어떤 태도를 취했느냐 하는 점이다. 사과는 결코 쉬운 일이 아니다. 사과는 힘들고 어색한 일일 수 있다. 하지만 핵심은 바로 거기에 있다. 우리가 사과를 할 때, 상대방은 고심하는 우리의 모습을 보면서 우리가 불편해한다는 사실을 알고는 연민 어린 반응을 나타내기 시작한다. 진정한 사과가 화해를 촉진시키는 강력한 촉매로 작용하는 것이다.

　당신이 진심으로 사과할 때 두 가지 중요한 일이 일어난다. 첫째는 상대방을 무장해제시켜 준다는 것이다. 당신이 상대방의 화나 슬픔을 받아들이게 될 때, 상대방에게 화를 낼 만한 이유가 있다고 인정할 때, 이런 태도는 종종 상대를 무장해제시킨다. 사과를 받은 상대방은 당신을 더 이상 위협적으로 느끼지도 않고, 자신에게 해를 입힐 사람으로 간주하지도 않는다. 그는 자신의 방어적 태도를 누그러뜨리고, 당신을 용서하기 위한 준비를 한다. 어쩌면 그로 인해 그는 자신의 상처 입은 과거의 기억까지 완전히 벗어던질 수도 있다.

　두 번째로, 사과는 사과를 하는 당사자에게도 긍정적인 효과를 가져다준다. 누군가에게 사과를 하려면, 당신은 먼저 왜 그들의 기분이 상했는지 이해해야 한다. 이 과정은 나를 상대의 입장에 서게 하고, 상대의 생각과 감정은 어땠는지 고민하도록 만든다.

누군가의 생각과 감정에 공감을 한다는 것은 쉽지 않다. 하지만 역설적이게도 우리는 사과를 통해서 그 일을 더 잘해낼 수 있다. 그 것이 진정한 사과라면, 우리는 사과를 하기 위해 상대와의 대화 내 용을 곱씹어 보고, 상대의 입장에서 생각해봐야 하기 때문이다.

사과가 불가능한 일은 존재하지 않는다. 오히려 반대로 사과는, 불가능한 일을 가능한 일로 만드는 유일한 대화법이다. 자기 실수 를 인정하고 책임지는 태도야말로 성숙하고 용기 있는 사람이 취 할 자세임을 기억하도록 하자.

혼자는 외롭고, 함께는 힘들어

혼자는 외롭고
같이 있긴 어색해

_ 첫만남에 센스 있게 맞장구치기

살면서 불편한 사람, 적당히 거리만 유지하고 싶은 사람, 말도 나누기 싫은 사람들을 만나기도 하지만 반대로 친해지고 알아가고 싶은 사람을 만나기도 한다. 상대방이 사람을 편안하게 만들어준다거나 혹은 여러 다양한 이유들로 인해 친해지고 싶을 수 있다. 또는 상대방에게 관심이 생겨서 더 알아가고 싶은 경우도 생긴다.

친해지기 위해서는 가장 먼저 상대방에게 호감을 얻어야 하는

데, 어떻게 해야 하는지 잘 모르는 사람이 많다. 가장 좋은 방법은 대화를 통해 상대방에게 호감을 주는 것이다. 그러기 위해서는 '공감' 능력이 가장 중요하다. 공감을 잘하면 대화도 잘 이어지고, 분위기가 좋아지면 자연스럽게 상대방의 마음을 얻을 수 있다.

그렇다면 공감을 잘한다는 것은 어떤 것일까?

하나의 예시를 들어보자. A라는 사람이 B에게 자신의 힘든 상황을 이야기하면 공감 능력이 있는 사람은 "많이 힘들었겠구나. 힘을 내"라는 반응을 보일 것이다. 하지만 반대로 공감 능력이 없는 사람이라면 "그게 뭐가 힘들다고 그래? 난 더 힘든 일도 겪었어"라며 오히려 상대를 타박한다.

어릴 때부터 서로를 봐왔기에 허물이 없는 친구 사이라면 모르지만, 자신의 틱틱거림을 참아줄 수 있는 상대가 아니거나, 오히려 호감을 얻어야 하는 상대에게 이런 식으로 맞장구를 치는 것은 최악이라고 할 수 있다.

공감하기 위해서는 우선 상대의 말을 듣는 집중력이 필요하다. 귀 기울여 듣지 않으면 상대가 무슨 말을 하는지 논점이나 맥락을 파악할 수 없고, 상대가 원하는 반응을 할 수 없다. 내용을 파악하지 못하고 엉뚱한 반응을 보이면 역으로 비호감이 될 수 있다.

　반대로 맞장구를 잘 쳐주면 대화가 끊김이 없고 분위기가 훈훈해진다. 대화가 즐거워지면 마음이 열리고 나에 대한 인상도 당연히 좋아지기 마련이다. 나를 오래도록 대화하고 싶은 사람, 가까운 사람으로 느끼게 되는 것이다. 그렇다고 상대방에게 다가가기 위한 목적만으로 맞장구를 치는 것은 소용없다. 진심이 담기지 않은 의도적인 맞장구는 상대방도 느끼기 때문이다.

맞장구 법칙 1: 말 따라하기

예시1

A) "철수와 영희가 싸웠대!"

B1) "싸웠다고?"

B2) "뭐?(추임새 후) 싸웠다고?"

B3) "뭐? 그렇게 사이좋은 애들이 싸웠다고?"

　간단히 B1처럼 뒷말을 따라 해도 좋지만, B2나 B3처럼 넣는 식으로 맞장구를 더 풍부하게 만들 수 있다.

예시2

A) "오늘 기분 안 좋아 보이네?"

B) "친구랑 싸웠더니 기분이 좋진 않네."

A) "친구랑 싸웠어? 그래서 기분이 좋지 않구나."

B) "그러니까. 내 잘못도 아닌데 내 탓만 한다니까?"

A) "뭐? 네 잘못도 아닌데 네 탓만 했어? 나쁜 놈이네."

맞장구는 자신의 감정과 생각을 전달하기도 하지만 상대를 배려하는 수단이기도 하다. 즉, 나는 당신의 이야기를 잘 듣고 있음을 표시해주는 것이다. 상대에게 좋은 인상을 남기는 사람은 번드르르한 말로 설득시키는 사람이 아니라 상대의 이야기를 진지하게 듣고 이해하고 공감해주는 사람이다.

친해지고 싶은 사람과 대화가 잘 통하려면 상대방에게 집중해야 한다. 무엇보다도 이야기하고 있는 주제가 무엇인지 잘 파악해야 한다. 하지만 상대방에게 계속 집중하기란 어려울 수 있다. 누군가 이야기를 하고 있는데, 계속 가게의 문이 열리면서 사람이 왔다 갔다 한다거나 시선을 사로잡는 화려한 옷차림을 한 사람이 지나가거나 하면 주의를 빼앗기기 쉽다.

또한 이야기를 듣는 와중에 갑자기 아침에 일어났을 때 꾸었던 꿈이나 지금 마시고 있는 음료수는 어떻게 만들까 등 지금 대화랑은 전혀 상관없는 생각들이 무작위로 떠오를 수 있다. 누군가 구체적인 대상이나 장소에 대해 말할 때, 만약 다른 생각을 하고 있었다면 다시 되물어야 할 것이다. 그렇게 되면 상대방은 자신의 이야기를 듣지 않는다고 느끼고 불쾌해할 수 있다. 따라서 방해가 되는 생각들을 무시하도록 연습하는 일은 필요하다.

다른 누군가가 말하는 것을 듣는 동안, 오만 가지 생각이 마음속에 떠오르는 건 자연스러운 일이다. 나비 한 마리가 날아가거나 우스꽝스런 티셔츠를 입은 남자가 지나갈 때 주의가 흐트러지는 것도 자연스러운 일이다. 또 이야기를 나누고 싶은 다른 주제에 대해 생각하거나, 상대의 말을 듣는 동안 떠오른 생각에 흥분하는 것도 마찬가지다. 이런 유형의 잡념들은 그 자체로 나쁜 것도 아니고, 비생산적인 것도 아니다.

하지만 무작위로 떠오른 그런 생각들을 대화의 소재로 삼으려는 것은 다른 문제다. 그 순간 대화의 질은 급격히 떨어지고 상대방에게 얻어두었던 호감들도 한순간에 사라질 것이다. 대부분의 사람들이 대화가 자유롭게 흐르도록 내버려두는 일을 어려워한다.

그렇게 하려면 자신이 가지고 있는 대화 주도권을 포기해야만 하기 때문이다.

　말솜씨가 있는 사람일수록 대화 도중에 농담을 던지거나 입담으로 분위기를 띄우려는 유혹이 생긴다. 지금 분위기와 맞지 않고, 하면 안 된다는 유머임을 알면서도 참아내는 일은 쉽지 않다. 그렇게 말했을 때, 상대방도 분명 재밌어하리라고 생각하기 때문이다. 그래서 우리는 종종 자신이 대화를 방해하고 있다는 사실조차 인식하지 못한다. 그저 자신은 단지 대화에 활력을 불어넣은 재기 넘치는 말을 했을 뿐이라고 생각한다. 하지만 이런 태도는 잘 이어나가던 대화를 방해하는 요소가 된다.

　때로는 적절한 반응인지 논점에서 이탈한 것인지 그 경계가 모호할 수도 있다. 대화의 방향성이 항상 뚜렷하지는 않은 만큼, 자신의 말이 대화의 경로를 어떻게 바꿀지 예측하기 힘든 것이다. 하지만 당신이 진정으로 상대의 말에 귀 기울이고 있다면 그 경계를 쉽게 알 수 있다.

　쉽게 산만해지지 않도록 마음을 훈련시키는 방법 중 명상은 매우 효과적이다. 명상은 자기 자신의 생각을 관찰한 뒤 그 생각을 그냥 놓아 보내는 방법을 가르쳐준다. 하지만 명상이 어렵게 느껴진다면 그저 상대의 말에 귀를 기울이고 불현듯 떠오르는 상념들을 흘러가게 두면 된다. 그 무엇도 바꾸려고 하지 마라. 산만한 생각을 더 빨리 알아차릴수록, 그 생각이 당신의 두뇌와 몸을 끌고 가기 전에 놓아버리기도 더 쉬워질 것이다.

또한 대화에 집중하기 위해서는 스마트폰과 태블릿 PC 등의 전자 기기를 치워놓는 것이 좋다. 카페에서 마주 앉아 있으면서도 서로 대화를 나누기보다는 서로의 스마트폰을 만지기에 바쁜 사람들을 쉽게 볼 수 있다. 또는 대화를 하다가도 SNS에 글이 올라왔다는 알람을 듣고는 주의가 스마트폰으로 옮겨지는 경우도 있다. 이처럼 스마트폰은 대화의 질을 떨어트린다. 그러므로 대화를 나누는 동안에는 무음으로 설정하거나 보이지 않는 곳에 두는 것이 좋다.

궁금할 때는 물어봐요!

무엇이든
물어보세요

_ 호감을 부르는 세 가지 질문

문이 열리고 멋진 그대가 들어오네요

이름이 뭐예요? 몇 살이에요?

사는 곳은 어디에요?

가수 포미닛의 노래 '이름이 뭐예요?'의 일부다. 이 질문들은 관
심 있는 여자에게 대시를 하는 남자에게서 나왔을 것이다. 이성에

게 호감이 생기면 다들 이런 질문을 한다. 아무리 잘생기고 예뻐도 모르는 사람에게 뜬금없이 "술 한잔 할래요?" "시간 좀 내줘요"라고 말하지 않는다. 먼저 상대방에게 관심을 가지고 있다는 걸 어필하는 게 순서다.

이렇듯 호감을 가진 상대와 대화를 하려고 할 때, 질문은 효과적이다. 소개팅에서도 첫만남에는 상대방이 누구인지 먼저 물어보고, 대답함으로써 대화를 이어나간다. 남편이나 아이에게, 혹은 친구에게도 질문을 통해 상대방이 어떤 기분인지 혹은 무슨 일이 있었는지 알 수 있으며, 적절하게 대답해주면서 대화가 매끄러워진다. 즉 질문은 대화를 활기차게 만들어준다.

캐나다 출신의 동기부여가인 브라이언 트레이시Brian Tracy도 질문을 강조한다. 그는 고객이나 다른 사람에 대한 감정이입을 연습하고 표현하는 가장 좋은 방법은 적절한 질문을 하고 그 대답을 경청하는 것이라고 했다. 또한 말하려고 하기보다는 주로 들으라고 강조하면서, "우선 이해하려고 하라. 그다음에 이해시켜라"고 말했다.

질문은 상대가 대답하기 쉬운 것으로 해야 한다. 그래야 상대가 질문에 적극적으로 답할 수 있다. 어렵고 추상적인 질문을 했다간 상대로부터 퇴짜를 맞고 만다. 상대가 쉽게 답할 수 있는 질문에는 세 종류가 있다. 이 세 가지를 상황에 따라 상대에게 물어보자. 상대는 자신이 관심받는 걸 알고 순순히 대화에 참여할 것이다.

첫 번째는 상대의 외모와 관심사에 대한 질문이다. 상대 여성의 피부가 곱다면 이렇게 질문하자.

- "정말 피부가 곱네요. 관리를 어떻게 하세요?"

상대 남성이 게임을 잘한다면 이렇게 질문하자.

- "와, 정말 잘하시네요. 언제부터 게임을 하셨습니까?"

두 번째는 상대의 소지품에 대한 질문이다. 만약 상대가 여성인데 고가의 핸드백을 들고 있다면 이렇게 질문하자.

- "정말 멋진 핸드백이군요. 어디 브랜드입니까?"
- 상대 남성이 테니스 라켓을 들고 있다면 이렇게 질문하자.

- "테니스를 잘 치시나 보네요. 저도 운동으로 테니스를 해볼까 하는데 어떤 라켓이 좋을까요?"

세 번째는 상황에 대한 질문이다. 만약 상대가 주변을 두리번거리고 있다면 이렇게 질문하자.

- "여기 초행길이신가 보죠? 어디를 찾아오셨습니까?"

혹은 상대가 영화관 앞에서 줄을 서고 있다면 이렇게 질문하자.

- "이런 장르의 영화를 좋아하시나 보죠?"

이와 함께 질문할 때, 상대가 "네" "아니오"와 같이 단답형으로 대답할 수 있는 닫힌 질문은 피하자. 이런 답이 나오고 난 후에는 더이상 대화가 진전되지 않기 때문이다. 닫힌 질문의 예를 들어보자.

"부산에서 서울로 비행기 타고 오셨습니까?"
"네."

"오늘은 회사 일을 안 하십니까?"

"네."

"그럼 집에서 쉬십니까?"

"아니오."

이렇게 대화가 단조롭게 이어지다가 결국에는 끊기고 만다. 이를 열린 질문으로 바꾸면 대화가 더 풍요로워지고, 잘 이어진다.

"부산에서 서울까지 어떤 교통수단을 이용하셨습니까?"

"KTX를 타고 왔습니다."

"KTX 요금이 비행기 요금보다 훨씬 저렴하죠?"

"그렇죠. 바쁘지 않을 때는 KTX가 낫습니다."

질문은 상대방을 배려하고 관심을 나타내는 것이다. 묻지 않으면 상대방에 대해 알 방법이 없다. 상대방의 말에 귀 기울이고 요소요소마다 질문을 던져라. 그것만으로도 상대와의 거리를 좁힐 수 있을 것이다. 단, 월급이 얼만지, 신체에 대한 질문, 결혼 여부나 자녀 계획 등 상대가 예민하게 받아들일 수 있는 질문은 삼가자.

상처는 돌아오는 거야

가깝다는 이유로
상처받았을 때

_ 긍정적인 말하기 공식

"남에게 대접받고 싶으면 먼저 대접하라"는 말이 있다. '대접'이란 단어는 '존중'으로 바꿀 수 있다. 즉 존중받고 싶으면 먼저 존중해야 한다는 뜻이다. 누구나 배려받고 싶고, 소중한 사람으로 대접받고 싶어한다. 하지만 내가 상대방을 배려하지 않고, 소중해하지 않는데 어느 누가 나를 배려해주고 소중하게 대해주고 싶겠는가? 다른 사람도 자신처럼 누군가의 귀한 자식이며, 소중한 존재라는 사실을 인정해야 한다. 존중을 모르는 사람은 상대에 대한 존중하는 마음이 없으면서 존중받기를 바라고 낮게 여기는 말로 감정을 상하게 한다. 결국 누군가에게 상처를 주면, 나도 상처받는다는 말이다.

정신과 의사인 스캇 펙Morgan Scott Peck 박사는 진정한 대화는 자기 자신을 옆에 내려놓을 때 가능해진다고 말했다. 내가 상처받지 않으려면 먼저 상대에게 상처를 주어서도 안 된다. 이는 상대를 존중하는 마음에서 시작한다. 누구든 존중받지 못할 이유는 절대 없다. 위치의 낮음과 높음에 상관없이 존중하는 것은 당연하다.

또한 우리는 항상 말을 조심해야 한다. 대화할 때 당신이 쓰는 언어에 따라 상대는 자신이 존중받고 있는지 아닌지를 판단한다. 상대를 존중하는 마음은 겸손한 태도에서 비롯한다. 자신을 낮춰야 상대를 존중할 수 있다. 존중과 겸손은 동시에 이루어져야 하는 실과 바늘과 같은 관계다.

존중은 곧 상대를 알아주고 인정하는 것이다. 대화할 때 자신의 주장만을 고집하고 내세우는 행동은 상대를 무시하는 태도다. 한번 상대방을 무시하기 시작하면 결국 상대도 자신을 무시하게 된다. 그렇게 되면 대화가 단절되고, 이는 갈등을 부르고 상대를 불만으로 가득 차게 만든다. 마음이 불만으로 가득 찬 상대가 과연 좋은 말을 할 수 있을까. 상대가 불만을 표현했을 때, 이를 듣는 사람은 기분이 좋을 리 없다. 그렇기 때문에 상대를 존중할 때 이 모든 갈등을 잠재우고 닫혔던 마음도 열리며 좋은 대화를 나눌 수 있다. 상대를 존중하는 마음을 담아 대화에 적절히 활용해보자.

무엇보다 가까운 사이일수록 더욱 예의를 갖추어야 한다. 그러나 우리는 가까운 사이일수록 예의를 갖추지 않아도 된다는 생각에 함부로 말하거나 행동한다. 존중의 기본은 상대를 배려하는 것에서 시작한다. 한쪽만 존중해서는 결코 관계를 이어나갈 수 없다. 존중은 서로 해야 한다. 인간관계에서 존중이란 상대에게 관심을 두고 상대의 생각, 성격, 능력 등 모든 것을 포함하여 인정하는 것이다. 존중은 우리가 생각하는 것보다 거창하지 않다. 그저 상대를 있는 그대로 인정하고 받아들이면 된다.

"남편과 대화가 잘 안돼요. 절 무시하는 것 같아요."

"대화를 했다 하면 싸움이 나니까 대화를 피하게 돼요."

40대 가정주부들이 가장 많이 하는 고민이다. 여성가족부에서 발표한 자료에 따르면, 40~50대 중년 부부의 대화 시간이 가장 적다고 한다. 하루 30분도 대화하지 않는 비율이 40대가 34.4퍼센트로, 50대의 34.1퍼센트보다 더 많다고 한다. 대화 시간이 절대적으로 부족하다는 사실은 부부 사이의 소통이 원활히 이루어지지 못하고 있음을 뜻한다.

우리 부부 또한 무척이나 대화 시간이 부족하다. 나는 강의에 기업체와 교육청 특강, 그리고 각종 이벤트에서 사회 진행을 하며 전국을 무대로 활약하고 있다. 이 때문에 늘 밤늦은 시간에 집으로 돌아와서 곧장 곯아떨어지기 일쑤다.

남편 또한 바깥일을 하고 있다 보니, 자칫 대화 부족으로 인해 갈등이 생기기 쉽다. 그런데 우리 부부는 지혜롭게 대처하고 있다. 무엇보다 남편이 솔선수범하면서 가사를 잘 돌보아주고 있다. 그러면서도 한번도 불만을 토로하지 않았다. 거기에는 비록 대화하는 시간은 짧더라도 서로를 존중하며 소통하기 때문에 대화의 질이 높다는 점이 크게 기여한다고 본다.

"당신, 이번에 승진 결과 어떻게 나올 거 같아?" 하고 내가 물으면, TV에 시선을 고정하던 남편이 내게 고개를 돌린다. 그러고는 겸연쩍은 표정으로 "큰 기대는 안 해" 하고 대답한다. 그러면 내가

"기회가 이번뿐인가. 이번이 아니면 다음번에 좋은 결과 얻으면 되지. 잘될 거야"라고 말한다. 그러면 남편이 빙그레 미소를 짓는다.

여기서 끝이 아니다. 나의 관심을 확인한 남편은 TV에 별 흥미를 못 느끼는지 내게 돌아앉아서 말한다. 평소 과묵하고 도통 말수가 없는 남편도 주저리주저리 그동안 자기가 회사에 기여한 성과와 자신의 탁월한 역량을 풀어놓는다. 나는 가만히 들으면서 타이밍 적절하게 "정말?"과 "아, 그랬구나"를 연발한다. 그러노라면 남편은 속 이야기도 다 털어놓는다.

이렇게 해서인지 남편은 회사 일과 가사 분담에 대한 스트레스가 그다지 많지 않은 듯하다. 서로를 위하는 대화를 통해 상당 부분 해소되기 때문이다. 우리 부부는 맞벌이의 악조건을 소통 테라피 공식으로 잘 극복하고 있다.

최근 인구보건복지협회의 설문 조사 결과에 따르면, 40~50대 중년 부부의 대화가 부족한 첫 번째 원인이 직장 일이라고 한다. 그 다음으로 TV·컴퓨터·스마트폰 사용, 자녀 양육에 따른 부부만의 시간 부족, 대화 경험과 기술 부족 등의 순서다. 얼핏 보면, 중년 부부의 대화 부족은 시간 부족에서 생기는 것처럼 보인다. 내 관점에서 볼 때는 꼭 그렇지 않다. 왜냐하면 우리 부부의 경우 대화 시간이 극히 부족함에도 불구하고 원만한 소통이 가능하기 때문이다. 우리 부부에게는 대화의 기술, 곧 소통 말하기 공식이 있었다. 중요한 것은 시간이 아니라 대화 스킬이다. 부부의 행복한 관계에 윤활유 역할을 하는 대화 스킬이 몹시 중요하다.

대화 부족을 겪는 많은 부부들이 대화 기술의 중요성을 간과해 왔다. 시간이 충분히 주어지고 일정한 조건만 갖추어지면 부부의 대화 부족은 금세 해결될 것이라는 생각은 오산이다. 절대 그렇게 쉽사리 대화가 샘물처럼 흘러넘치지 않을 것이기 때문이다.

2014년 국립국어원은 흥미로운 연구 자료를 내놓았다. 부부 사이에 대화의 시간이 많을수록 행복 지수가 높아지고, 역으로 대화가 적을수록 행복 지수가 낮아진다는 것이다. 이와 함께 대화의 긍정적 요소와 부정적 요소를 밝혔다.

• 대화의 긍정적 요소
서로 원하는 호칭을 사용하기, 집에 들어올 때 서로 인사하기, 서로 존댓말 사용하기, 서로 칭찬과 감사하는 말하기, 합의점을 찾기 위해 노력하기, 상대방 말을 끝까지 경청하기, 상대방이 말을 할 때 이해하는 반응을 보이며 듣기.

• 대화의 부정적 요소

화가 나면 욕설이나 비속어 사용하기, 다른 사람과 비교하는 말하기, 곤란한 상황에서 거짓말하기, 화가 나면 쌓인 감정을 한꺼번에 표출하기, 상대방 얼굴을 보고 이야기하는 것이 불편함, 유머를 사용하지 않음, 서로 비평과 지적하는 말하기, 자신의 공을 드러내는 말하기, 대화를 싸움으로 끝내기.

우리는 이를 잘 숙지해 대화에 시간을 많이 써야 한다. '대화의 긍정적 요소'를 보면, 마치 소통의 말하기 공식을 보는 듯하다. 여기에는 상대에 대한 관심과 칭찬, 그리고 반응이 잘 나와 있다. 이와 함께 '대화의 부정적 요소'도 잘 기억해서 반드시 피하도록 하자. 상대에게 칭찬을 하기에도 부족한 시간에 욕설과 비속어를 사용하고, 다른 사람과 비교하는 말하기를 하면 결코 소통이 이루어질 수 없다.

다른 사람과 비교하는 말하기

"옆집 남자 승진했대."

비평과 지적하는 말하기

"쥐꼬리 같은 월급으로는 뭘 할 수가 없어."

자신의 공을 드러내는 말하기

"이번에 포상 휴가 받은 건 내 능력이 좋아서 그래."

대화를 싸움으로 끝내기

"피곤한데 제발 그만해."

대화가 필요한 것은 부부만이 아니다. 가족과 친구처럼 자주 보는 사이에서도 소통으로 인한 어려움을 겪을 수 있다. 적당히 편하게 이야기해도 내 마음을 잘 알아주겠거니 여기기 때문이다. '대화의 긍정적 요소'로 부부는 물론 가까운 사람과의 사이를 찹쌀떡처럼 착착 달라붙게 해보자. 다음처럼 말하다 보면 대화 시간이 저절로 많아질 것이다.

집에 들어올 때 서로 인사하기

"회사 잘 다녀왔어요?"

서로 칭찬과 감사하는 말하기

"여보, 고맙습니다."

"○○아, 넌 진짜 좋은 친구야. 정말 고맙다."

"엄마, 오늘 밥 엄청 맛있어요. 감사히 잘 먹겠습니다!"

서로 존댓말 사용하기

"여보, 오늘 같이 쓰레기 버리러 가요."

"아빠, 저 잠깐 텔레비전 봐도 될까요?"

이해하는 반응을 보이며 듣기

"힘들죠? 이해해요."

"나도 너랑 비슷한 일 겪은 적 있었는데, 정말 기분이 좋지 않았어. 너도 그 일 때문에 진짜 속상했겠다. 이해해."

"어제 제가 숙제하기 싫다고 소리 질렀을 때, 많이 속상하셨죠? 죄송해요."

앞서 말한 대화의 긍정적 요소를 이용해 대화하는 방법을 연습해 보자. 가까운 사이일수록 말을 조심해야 한다는 점을 명심해야 한다.

기억 삭제 베개

베개에
머리를 대면
그날 한 말을
다 잊게 해 줬으면
좋겠다.

투머치토커가
넘치는 세상

_ 때로는 입을 닫을 줄도 알아야 한다

 말이 넘치는 시대를 살고 있다. 자기 주장을 어필해야 하는 시대이기에 말을 잘하는 것은 분명 중요하다. 그렇기 때문일까? 우리는 주워담지도 못할 말을 자신도 모르게 내뱉는 경우가 있다. 때로는 침묵을 해야 하는 상황에서도 자신의 말로 세상을 가득 채우려는 것처럼 도가 지나치게 말을 많이 한다. 그러다 보면 해도 되지 않을 말을 하거나 상대방에게 상처가 될 말을 무심코 하는 경우도 생긴다. 여기서 말은 단순히 입에 내뱉는 것뿐만 아니라, 블로그, SNS 와 같은 매체도 포함된다.

그렇다고 말이 무조건 부정적인 측면만 가지고 있는 것은 아니다. 다른 사람과 대화를 나눔으로써 마음의 치유를 얻는 사람도 있다. 말을 너무 적게 하고 자신의 주장을 내세우지 않는 사람은 우울증에 걸리기 쉽다. 말을 해야 할 때는 확실하게 해야 한다. 하지만 우리는 알아야 한다. 말을 잘못해서 후회하는 경우는 많아도, 침묵해서 후회하는 경우는 많지 않다는 것을 말이다.(그렇다고 무조건 침묵하는 것이 답은 아니다)

"세상에 태어나서 말을 배우는 데는 2년밖에 안 걸리지만, 침묵을 배우는 데는 평생이 걸린다"는 말은 침묵하는 것이 얼마나 어려운 일인지 나타내준다. 그렇다면 어떤 경우에 우리는 말을 하기보다 침묵을 선택해야 할까?

첫째, 말 같지 않은 소리를 들었을 때는 침묵하라.

논리에 맞지 않고, 팩트에도 어긋나는데 다른 사람이 하는 말은 듣지도 않고 자기 주장만 내세우면서 택도 없는 소리를 하는 사람과는 말을 섞지 말고, 침묵하는 것이 낫다.

둘째, 화가 났을 때는 침묵하라.

마음이 조급해지고 감정이 격해졌을 때는 대부분 나중에 후회하게 되는 말을 하게 된다. 때로는 분노에 찬 상태에서 꺼낸 말이 상대방에게 큰 상처를 주기도 한다. 따라서 욱하거나 감정이 주체가 안 될 때는 심호흡을 하며 마음을 가다듬어 감정이 누그러지고 냉정을 되찾을 때까지 침묵하는 것이 좋다. 차분하게 생각을 정리하다 보면 상대를 상처입히는 말을 하지 않을 수 있다. 말을 내뱉기 전에 세 번을 생각하라는 말이 있는 것처럼, 화가 났을 때는 말하기 전에 잠시 침묵하자.

셋째, 난처한 상황에 빠졌을 때는 침묵하라.

편이 두 갈래로 갈라진 상황에서 어느 누구의 편도 들 수 없는 상황이 되었을 때처럼 이러지도 저러지도 못할 상황에서는 차라리 침묵하라.

넷째, 오해를 샀을 때는 침묵하라.

오해는 상대방이 무언가를 확신하고 있는 상황에서 생겼으므로 어떤 말을 해도 통하지 않을 수 있다. 오해를 다잡기 위해 변명을 하면 할수록 상황이 오히려 복잡해지기 때문에 오해를 받는 상황에는 침묵하는 것이 좋다.

다섯째, 남의 비밀을 알게 되었을 때는 침묵하라.

설령 내가 미워하는 사람의 비밀을 알았더라도 그것을 인간적으로 침묵해주는 것이 지혜롭고 품격 있는 사람이다. 어떤 사람의 비밀을 알았을 때 함부로 퍼트리고 다니는 것은 오히려 자신의 위신과 평판을 깎아내리는 결과를 가져온다.

하지 않아도 될 말을 굳이 해서 나중에 후회하는 일을 누구나 한 번쯤은 경험한 적이 있을 것이다. 사람들은 누군가에게 말을 좀 아끼라는 지적을 받아도 쉽게 납득하지 못한다. 귀로 들리는 것만 효력이 있다고 착각하기 때문이다. 이들은 입 밖으로 내지 않은 것이 입 밖으로 낸 것보다 더 많은 뜻을 전달할 수 있음을 이해하지 못한다.

상황이 이러니 자신이 말을 너무 많이 한다는 사실을 자각하는 사람만이 입을 다물 수가 있다. 그리고 입을 다물면 놀랍도록 조용한 세계에 들어설 수 있고, 상대와 나 모두에게 예상치 못했던 효과가 나타난다.

엘리베이터 안에서 상사와 단둘이 있게 되거나, 오랜만에 만난 초등학교 동창, 미팅 직전의 서먹한 분위기 등, 난감한 순간들은 끝도 없이 많다. 어색한 침묵을 피하기 위해 말을 늘어놓는 상황들은 언제든지 만날 수 있다. 이런 상황에서 말은 정보 전달의 도구가 아니라 그저 고문 같은 정적을 깨뜨리기 위한 소음일 뿐이다.

명수 씨는 힘든 하루를 보내고 동료와 함께 기차를 타고 돌아가는 길이었다. 그날따라 무척 힘들었던 터라 파김치가 됐고, 대화를 나눌 힘도 없었다. 그렇다고 둘이서 200킬로미터를 나란히 앉아서 가야 하는데 입을 꾹 다물고 있을 수도 없는 일이었다. 그는 고민 끝에 이렇게 말했다.

"가는 동안 재미있게 이야기를 나누면 좋겠지만 오늘은 완전히 방전됐어요. 내가 입 다물고 가만히 있더라도 화내지 말아요."

그러자 동료는 한숨을 내쉬며 말했다.

"다행이네요. 저도 너무 힘들어서 자꾸 말 거시면 어쩌나 속으로 걱정하고 있었거든요."

다른 사람을 즐겁게 해줘야 한다는 의무감에 내용 없는 말을 해대는 사람들도 있다. 하지만 어색한 침묵을 억지로 깨려고 쓸데없는 말을 늘어놓다 보면 오해가 생길 수 있고, 말실수를 하기 쉽다. 오히려 조금의 침묵도 불편해하며 습관처럼 말을 장황하게 늘어놓는 사람들은 바로 그러한 행동 때문에 주변 사람들에게 기피 대상 1호가 되기도 한다.

침묵도 소통의 방식이다. 말과 침묵은 서로를 보완한다. 그래서 말과 침묵의 균형이 중요하다. 또한 침묵은 효과가 강렬하다. 그래서 말이 적으면 지적인 인상을 풍긴다. "잔잔한 물이 깊다"는 속담과 "빈 수레가 요란하다"는 속담도 있지 않은가. 말이 적으면 속이 깊어 보인다. 깊이 있는 인간의 아우라가 바로 침묵의 결과인 셈이다.

대화에 있어서 말을 주고받는 것은 분명 중요하지만, 때로는 침묵이 필요한 순간이 있다. 잠시 나의 말을 멈추고 상대의 말에 귀 기울이는 것. 잠시 말을 멈추는 것만으로도 상대에게 내 의지를 전달해준다. 수많은 소음에 노출되어 있는 가운데, 잠시 침묵하며 정적을 느껴보는 것이 어떨까.

약을 쓸래도 없는, 그런 상처

할 말 못할 말
다 하고 살면 편할까

드라마나 영화를 볼 때, 무작정 "저 사람은 재미없어"라거나 "저 배우는 연기를 너무 못하더라"라면서 비난하는 사람들이 있다. 왜 저 배우가 재미없는지, 어떤 점에서 연기를 못한다고 느끼는지 물어보면 "그냥"이라고 대답하기도 한다. 아무 이유 없이 남을 나쁘게 말하면 비난이 되고, 옳고 그름을 가려 평가하는 일은 비판이라고 할 수 있다. 즉, 저 배우가 슬픈 연기를 할 때, 표정이 어색하다거나 목소리 연기가 마치 국어책 읽는 느낌이기 때문에 연기를 못한다고 말하는 것은 비판이 된다. 하지만 "그냥" 연기를 못한다고 말하면 비난한다고 할 수 있다. 이처럼 '비난'과 '비판'은 비슷한 단어처럼 보이지만, 자세히 들여다보면 많이 다르다는 사실을 알 수 있다.

"청소년은 어느 정도 성공 가능성이 있는 도전 과제를 부여받을 필요가 있고, 건설적인 비판을 주고받는 연습을 하며, 어떤 비판이 귀 담을 가치가 있고 어떤 비판은 무시해도 좋은지 배워야 한다."

하버드대학의 교육심리학과 교수이자 보스턴 의과대학 신경학과 교수인 하워드 가드너가 한 말이다. 대부분의 갈등은 합당한 비판이 아닌 비난을 하기 시작하면서 걷잡을 수 없이 커진다. 사실 비난을 하는 데는 나름의 이유가 있다. 표면적으로는 논리와 이성을 강조하지만 사실 그 이면에는 두려움과 공포가 깔려 있다.

사람들은 누구나 자신의 관계, 영역, 자산을 잃는 일을 두려워한다. 그리고 이러한 두려움을 떨쳐버리기 위해 비난이라는 그다지 효과적이지 않은 해결방법을 선택하게 된다. 하지만 두려움을 떨

처내기 위해 선택한 비난은 두려움을 해소시키지 않는다. 오히려 두려움을 전파하고, 확대하고 재생산한다. 비난의 끝은 마음의 평화가 아니라 갈등의 시작인 것이다.

"너한테 그럴 만한 자격이 있어?"라고 되묻기보다는 "당신의 생각과 내 생각이 어느 지점에서 다른지 살펴보자"라고 첫 단추를 끼운다면 갈등은 깊어지지 않는다. 우리는 다분히 감정적이고 충동적인 행동을 했을 때, 합리적이고 이성적인 근거를 가져다 붙이며 정당화하고는 한다.

우리는 간혹 문제 해결 행위 자체에만 집중해 문제의 근원이 무엇이었는지를 잊어버릴 때가 있다. 누군가로 인해 내 목소리가 점점 커질 때, 우리는 한번쯤 돌아봐야 한다. 그 출발점이 비난인지 혹은 비판인지 말이다.

내면이 잘 다져진 사람은 자기의 정체성을 타인에게서 찾지 않는다. 또한 자기를 존중하는 것과 마찬가지로 타인을 존중한다. 타인의 시선이나 평가에 관계없이 스스로를 사랑받을 존재라고 여기기 때문에, 다른 사람의 감정과 가치관도 인정한다. 이들은 타인을 통제함으로써 자신의 불안을 채우려고 하지도 않는다. 상대방이 자신의 존재 가치를 결정짓지 않는다는 사실을 알기에, 타인을 통

해 자신의 부족한 부분을 채우려 하거나 타인의 성공으로 자신의
실패를 보상하려 하지 않는다. 이들은 자신에게도 부족한 모습과
좋은 모습이 공존한다는 사실을 받아들인다. 자신을 받아들이듯
상대 또한 부족한 모습과 좋은 모습이 있음을 인정하고 수용한다.

반대로 자신과 타인의 경계가 모호하고 자신의 좋은 점과 나쁜
점을 잘 인정하지 못하는 경우, 타인을 평가할 때도 '좋음'과 '나쁨'
두 가지로 분류하게 된다. 이러한 태도는 상대를 쉽게 비난하게 만
든다. 먼저 감정적으로 타인과 깊이 융합되어 있어서 그 사람과 자
신을 하나로 생각하기 때문에 상대에게 의존하는 모습을 보이거
나 상대의 말이나 행동에 지나치게 큰 영향을 받으며 격정적인 반
응을 보인다. 또한 상대를 바라보는 사람들의 시선을 자기를 향한
것으로 받아들이기도 한다. 가족, 친구, 연인을 자기 기준에 맞추고
통제하려고 하는 것도 바로 그런 이유에서다. 그렇게 함으로써 자
기 안의 모호한 정체성, 존재감, 낮은 자존감을 보상받고자 하는 것
이다. 이들은 비난, 강압, 강요, 통제의 언어로 상대를 움직일 수 있
을 때 비로소 안도하고, 그런 식으로 자기 안의 불안감을 해소한다.

거침없이 비난하는 사람들은 할 말을 다 하고 사는 듯 보이며,
표면적으로는 뒤끝 없고 강한 사람으로 비친다. 하지만 그들은 타

인을 쉽게 비난하듯 자신 역시 가혹한 모습으로 대한다. 이들의 가슴 밑바닥에는 들켜서는 안 될 낮은 자존감이 숨어 있다. 그렇기에 늘 안절부절못하며 자신을 방어하고 보호하느라 겉으로는 공격적인 모습을 보이는 것이다.

평소 혹은 최근 들어 누군가를 비난하고만 있다면 먼저 비난에 대한 오해를 바로잡아야 한다. 상대방을 비난하는 동안은 마치 상대를 통제하는 것 같고 자신이 강한 존재처럼 느껴질지 모르나, 결국 그것은 내면을 해치는 악순환을 일으킨다. 비난은 자기 부족감을 키우고 자존감을 낮추는 소통 방식이다.

상대를 통제하고 몰아붙이며 비난하는 중에 얻는 심리적 안정감, 불안이 해소되는 느낌은 허상이다. 우리는 절대 누군가를 통제하는 것으로 내면을 변화시킬 수 없다. 또한 상대를 긍정적인 방향으로 변화시킬 수도 없다. 불안에서 벗어나려면 누군가를 비난하지 말고, 자신 내면의 불안을 인정한 다음 스스로 통제하고 균형을 잡을 때 가능하다.

우리가 상대를 비난하는 또 다른 이유는 빨리 문제가 해결되길 바라는 마음에서다. 이럴 때 비난을 들은 상대가 잠깐 요구대로 따르는 것처럼 보일지 모르나, 나중에는 정반대의 결과를 불러오기 쉽다. 사람이라면 누구나 공격하는 사람한테서 자신을 지키고 싶은 방어본능을 가지고 있기 때문이다. 모든 사람은 자기 존재를 인정받고 정당화하길 원한다. 이는 인간의 본능적인 감정, 자기 보존 본능과도 연결된다.

궁지에 몰린 쥐가 고양이를 물 듯이, 인간 역시 누군가에게 공격을 받으면 자신을 보호하고자 방어본능이 일어나 상대방을 물어버린다. 비난받았을 때, 내 자신을 객관적으로 살펴보지 않고 공격하는 대상에 맞서게 되므로, 대화의 본질적인 문제는 사라지고 감정적인 갈등만 심해진다.

유대 경전에는 "비판이 따르지 않는 사랑은 사랑이 아니다"라는 말이 나온다. 사랑이 뒷받침되지 않은 비판이 상대에게 도움이 될 리 없다. 만일 상대를 비판하는 행위에서 당신이 즐거움을 느낀다면 비판 자체를 하지 않는 게 좋다. 상대를 염려한다는 말에 진심이 느껴지지 않을 때, 상대의 불행을 은근히 기뻐하는 것처럼 보일 때, 상대에게 상처를 주고 싶은 욕망이 보일 때 상대는 자신을 방어하기 마련이다. 당신이 지금 누군가에게 비판받는 처지에 있다고 생각해보자. 말하는 상대가 당신을 비판하는 행위 자체를 즐기는 것처럼 보이면 반발심이 생기고 화가 나지 않겠는가?

의대생들이 배우는 지침에는 "첫 번째 의무는 해를 끼치지 않는 것이다"가 포함되어 있다. 당신이 비판하는 내용과 말투가 상대를 의기소침하게 만들지 않고 특정한 단점을 극복하는 데 도움이 될 거라는 확신이 서지 않는다면 침묵해야 한다.

상대를 변화시키는 비판을 하기가 쉽지 않기에 철학자인 마이모니데스는 구체적이고 실질적인 조언을 한다.

"상대가 자신에게 저지른 잘못 때문이든, 그가 하나님 앞에서 지은 죄 때문이든, 다른 사람을 훈계하려거든 타인의 눈을 피해 반드시 사적으로 만날 것이며, 다정하고 부드러운 말투로 이야기하고, 오로지 상대방이 잘되기를 바라는 마음으로 잘못을 지적해야 한다."

마이모니데스가 제시한 지침에 비춰 아시모프의 작문 교사가 보여준 행동을 살펴보자. 마이모니데스는 반드시 사적으로 만나 훈계하라고 조언한다.

19세기 유대인 도적주의자 이스라엘 살란터 랍비는 공개 강의 중에 훈계할 때면 이렇게 말했다고 한다.

"지금 열거한 모든 죄로부터 저는 결백하다고 생각하지 마십시오. 저 역시 이런 죄를 범했습니다. 따라서 지금 제가 하는 이야기는 스스로를 경계하고자 함이며, 이 가운데 여러분에게도 적용되는 이야기가 있으면 그 또한 좋은 일입니다."

살란터가 훈계하는 방법은 상대에게 위협적으로 들리지 않고 용기를 북돋우는 데 효과적이다. 누군가에게 훈계할 일이 있는데 당신도 똑같이 힘들었던 적이 있다면, 그 사실을 솔직하게 공유하는 것이 좋다. 같은 실수를 저지르고 극복한 경험이든 비슷한 문제를 극복한 경험이든 자기 약점을 먼저 인정하면, 상대는 당신이 우월한 위치에서 자신을 비판하는 게 아님을 깨닫는다. 그리고 당신이 결점을 고치려고 노력한 이야기에서 무언가를 배운다.